考古人和他们的故事 1

探索古辽西

郭大顺 著

學苑出版社

编者的话

在我们身边，每天都在进行着考古工作。这些工作，不断改变并丰富着我们对历史的认识。

考古人是一个特殊的群体：他们往往出自著名的学府（只有少数大学才设置考古专业），却像老农一样在土里挖掘寻找；他们“读尽了相关的每一条史料，也走遍了相关的每条河谷”（张承志语）；他们直面日常工作的辛苦与琐碎，奉现给人们的却是废墟上的辉煌与田野里的诗意。

考古人往往有不平凡的经历，他们知道太多的历史秘密，他们有讲不完的故事：探索的故事、发现的故事，成长的故事、心灵的故事，历史文化民俗的故事……一代一代考古人，一个又一个故事，缀合成为中国近百年考古发现、探索思考与认识的鲜活的历史。尽管他们可能出版了考古发掘的专门报告，写过论文甚至专著，但由于时间、精力、条件、机遇等的限制，他们很少有机会给我们讲述考古和他们自己的有趣的故事。

《考古人和他们的故事》书系就是给他们提供的一个平台。我们的设想是：以健在的老一辈考古学家为主要关注对象，通过他们对自己考古生涯的回忆，讲述曾经经历的大事、难忘的记忆，生活的艰辛、发现的喜悦，使普通读者能够借此走进中国的草根乡土以及古代历史与文化的殿堂，走进考古人的内心世界，进行一次异样的文化与心灵之旅。

假如因此为中国考古学史积累了一点资料，那是我们意外的收获。

编委会

2005年1月

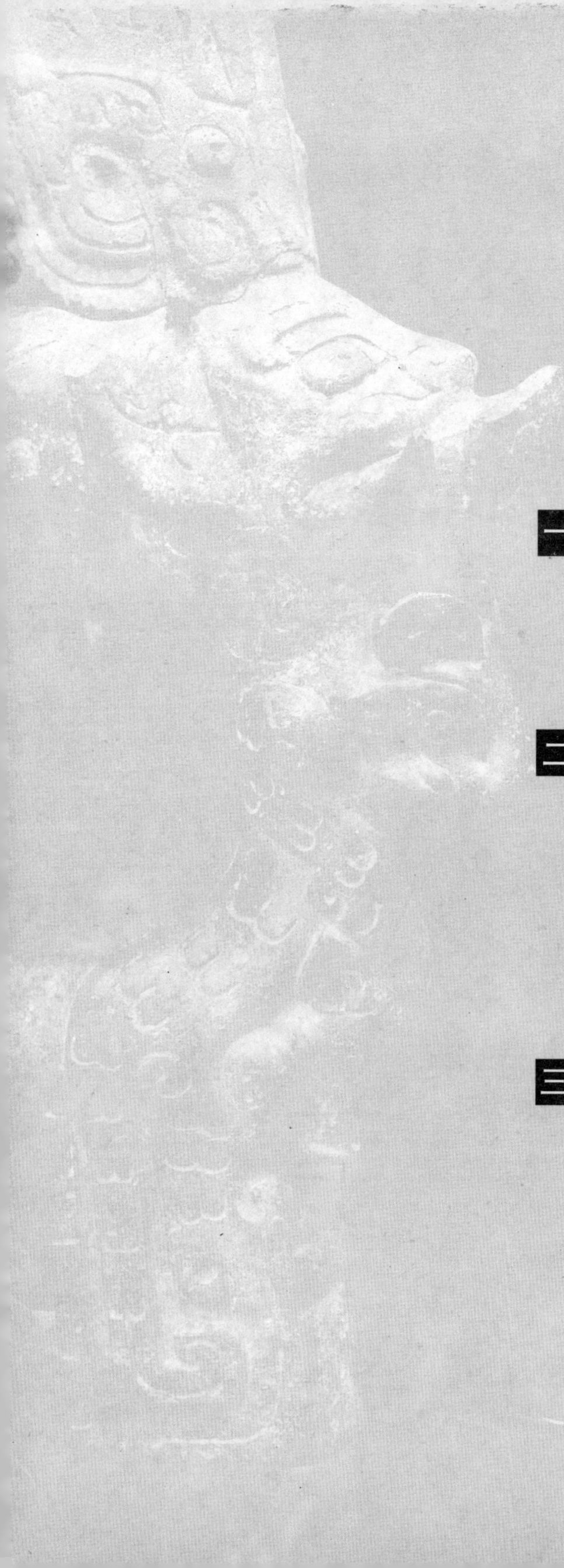

目 录

探索古辽西　郭大顺

一. 魏营子类型提出的前前后后

二. 走进“与夏为伍”的方国大门

三. 从东山嘴到牛河梁

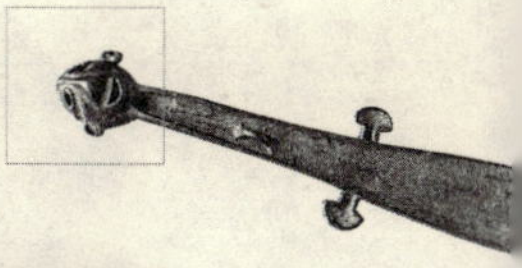

探索古辽西

郭大顺 著

辽宁西部地区，

主要是朝阳市及相邻地区，

这里是全国有名的干旱区和贫困区，

却又是古文明发达较早的地区。

这与世界诸文明古国的状况倒有些相似。

我于1968年由学校分配到辽宁省博物馆后，

就一头扎在这里。

红山文化：1935年发现于赤峰市东北郊。距今约5000年。分布范围东及辽河，北跨过西喇木伦河，南达渤海沿岸，西南越过燕山。以老哈河与大凌河中上游最为密集。牛河梁遗址在分布区中心偏向靠近华北平原的西南一侧。

夏家店下层文化：以1960年发掘的赤峰市夏家店遗址命名。距今约4000年。分布范围北不过西喇木伦河，东不过医巫闾山，西南达渤海湾北岸，并越过燕山。在老哈河支流的阴河、半箭河和大凌河流域有密集分布的石城堡群。

魏营子类型：又称“魏营子文化”。距今约3000年。以1971年发掘的朝阳县魏营子遗址与墓地为命名地。在靠近渤海湾北岸的辽西走廊有较多分布。重要遗址是喀左县后坟。喀左县大凌河两岸分布的马厂沟、北洞、山湾子、小波汰沟等商周青铜器窖藏坑，是与之有关的遗存。

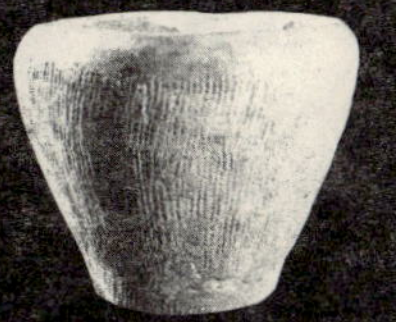

魏营子类型
提出的前前后后

我对辽西古文化的研究是从调查魏营子遗址开始的，
这也是我到辽宁工作后参加的首次田野考古工作。

寻迹老龙湾

1971年3月的一天，我和许玉林（1965年北京大学历史系考古专业本科毕业，主要从事辽东地区考古）从铁岭炼铜厂抬回一麻袋拣选出来的古代铜器。

之前两三年，省博物馆不断派业务人员从这个厂由全国各地运来的废铜中拣选出古代铜器。这次是厂里工人自己拣出来的。麻袋放在四班办公室的一角。

当时还在实行军代表制，省博物馆只有少部分业务人员回馆，与省图书馆一起组成图博组，博物馆被编为四班。

孙守道（1948年起就从事考古工作，辽宁省文物考古研究所研究员）对这种事情是最认真的，他蹲在麻袋前扒拉来扒拉去，突然手里举着一件小铜器惊叫一声："銮铃！"

主要分布在辽西地区南部的魏营子类型，距今约3000年。

位于喀左与凌源，建平间的6处埋藏成组大件商周之际青铜礼器的窖藏坑，按东北—西南方向连成一线，达几十公里，是属于此文化的重要发现，暗示着距今3000年前这里曾经是一个十分重要的历史舞台，或与商周北土的方国有关。

铁岭捡选的这件铜銮铃，也见于西安张家坡西周早期车马坑。

同袋还有大量方圆形铜泡、两件甲形饰、一件车軎和一些不知名的铜饰件。

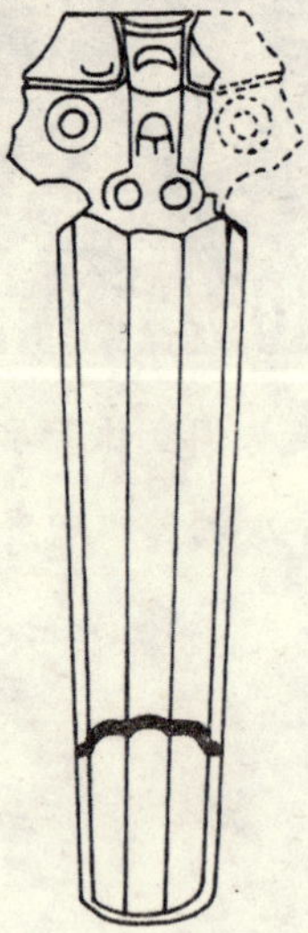

当卢

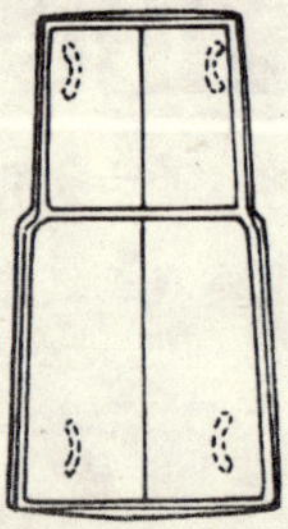

甲形饰

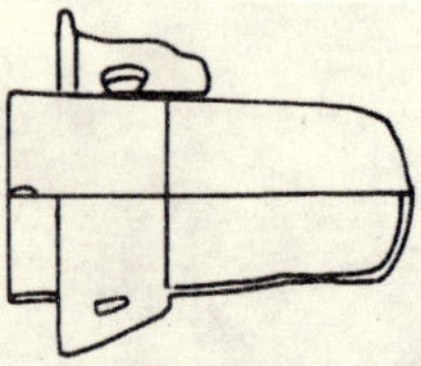

车軎

找来资料一对，与西安张家坡西周早期车马坑所出銮铃十分相近，同袋还有大量方圆形铜泡、两件甲形饰、一件车軎和一些不知名的铜饰件。车軎上虽没有花纹，但管体细长不起棱，也是西周早期形制。这些铜器上面都粘着黄泥土，像是刚出土不久，而且可能是一起出土的。从铜器的种类看，很可能是墓葬的随葬品。

正好那年的年中省里在开一个有关外贸方面的会议，有来自全省各公社供销社的收购员参加。因为那几年公社供销社经常从当地老乡手中收购到古文物，主要是铜器，馆里临时摆了一个“文化大革命”期间拣选文物的展览供会议参观，把这批铜器也摆上了。一位来自朝阳县六家子公社供销社名叫纪永福的老供销员一眼就看到从铁岭新拣选的这批铜器，说这是他去年冬天刚收购上来的。

这是一个十分重要的线索，因为据此不仅可能确定这批铜器的出土地点，而且有可能由此在辽西第一次找到西周早期墓葬。

西周时期青铜器在辽西地区多次出土，并集中在喀左县（全称为喀拉沁左翼蒙古族自治县，县城所在地叫大城子）境内的大凌河上游一带。最早是在1941年，在喀左县城西小城子洞上村咕噜沟出过一件西周早期大铜鼎，重150斤，为日伪政府所得，先在当地县城展出，辗转运到沈阳（当时叫奉天），曾在《盛京时报》和《顾乡屯》杂志上发过消息和照片，说器底内壁满是铭文，以后就不知下落了。陈梦家先生在《西周铜器断代》（二）（《考古学报》第十册）一文中曾引用过这个材料，并发表了铜鼎照片的摹本，认为这件大铜鼎的时代早于大盂鼎，为周成王时期器物。

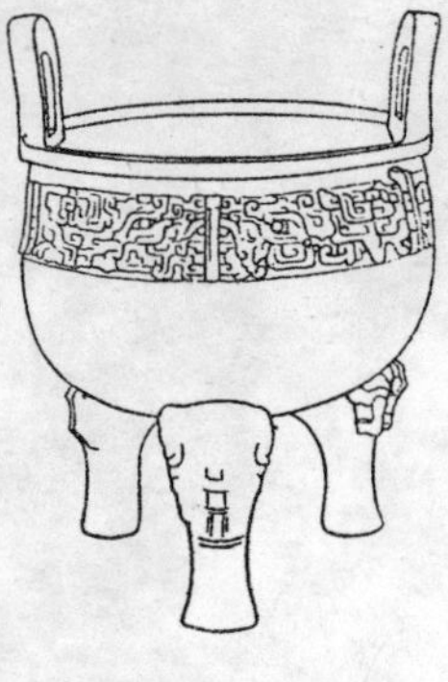

喀左县小城子出土的西周早期大铜鼎

1941年出土于喀左县城西小城子洞上村咕噜沟，重150斤，为日伪政府所得，后下落不明。

陈梦家先生认为此鼎的时代早于大盂鼎，为周成王时期器物。

1955年，小城子以南的喀左县海岛营子马厂沟（当时属凌源县）一位名叫康兴民的农民在村北小转山自家的一块耕地里也挖出了西周青铜器。这次不是一件，而是一群，仅完整器就有18件。

1974年我们曾到马厂沟村拜访过康兴民，据他回忆，当时把这一件件青铜器搬回家时，就摆了满满一炕。他还记得有一件“铜鸭子”，站在炕上，比窗台还高。后来这批铜器往凌源县城运送时，也是装了整整一马车。这批铜器的种类，有鼎、甗、簋、盂、罍、卣、壶、盘、尊等，另有方彝等的残片，最有特点的可举出蝉纹三足盘、鸟纹圈足盘、圜底十字带状纹壶、鸭形尊等，都是个体较大的炊器类和盛贮器类，惟独缺少觚、爵等个体较小的饮酒器。5件铸有铭文，其中的燕侯盂，体

马场沟小转山遗址

1955年，一位名叫康兴民的农民在村北小转山自家的耕地里挖出了一群西周青铜器。

燕侯盂 体饰大鸟纹，腹壁铸铭5字，是燕侯所作盛食器，后与鸭形尊一直陈列在中国历史博物馆（现更名为中国国家博物馆）西周展区部分。

饰大鸟纹，腹壁铸铭5字：“匽侯作饙盂”，系燕侯所作盛食器，最为重要。这批铜器先由热河省博物馆筹备处征得，藏于承德，并由热河省博物馆筹备处李廷俭在《文物参考资料》1955年8期上发表了发现的简报，后随省区划分的变化（热河省被撤销），先后转藏于河北省博物馆和辽宁省博物馆。

马厂沟这批铜器出土的当年在北京午门内举办的“五省出土文物展览”中展出，引起很多学者关注，唐兰、陈梦家和高明等著名专家都曾撰文，认为西周早期燕国势力已越过燕山，到达辽西。以后燕侯盂和鸭形尊就一直陈列在中国历史博物馆（现更名为中国国家博物馆）西周展区部分。

但咕噜沟、马厂沟青铜器都是窖藏，怀疑可能是西周以后埋藏的，或与此后的某个重大事件有关，最有可能是战国晚期燕王避秦携宝逃往辽东时，仓促之中埋藏于此地的（喀左一带是必经之地）。如确与西周早期的燕国历史有关，那就需找到同时期的典型遗存，如西周早期的遗址，特别是墓葬，才能最终解决问题。但从20世纪50年代初算起，快20年过去了，并没有找到任何线索。铁岭拣选的这批铜器给大家带来了一线希望，这是关系到辽宁以至东北地区上古历史的一件大事。一定要追踪到它的出土地。

燕侯盂铭文（拓片）

任务落到我和方殿春身上。

出发时已是初冬，临行前徐秉琨（20世纪50年代初开始从事考古工作，辽宁省博物馆研究员）赠诗鼓励：踏破铁鞋无觅处，得来全不费功夫。不过我却有点信心不足：在铁岭拣了十几吨古代铜器，大部分是外省货，已几经转运，谁也没有去想还要找它们的出土地点，这次可能吗？带着满腹疑惑，我们背着几件样品出发了。

鸭形尊

六家子公社在朝阳县南部，靠近渤海湾北岸的辽西走廊，属小凌河流域。需要先坐火车到朝阳再转汽车，到达公社天已黄昏了。我们先到公社供销社找老纪头再核实一遍，他说他记得很清楚，当时仅那种铜圆泡就收了满满一脸盆，但是哪个村子什么人来卖的，记不清了。看老纪头虽然年纪较大，记忆力却很好，我们增强了信心，于是赶紧找公社主管文教的于主任汇报了情况。为了引起重视，我们还特别强调了这件事与“反修”有关。于主任立刻意识到这是“政治任务”，而且具破案性质，临时决定在正在中学操场举办的群众演唱大会上动员，并吩咐晚上各大队干部拉练回到公社集中时再动员，明天公社赶集时也向群众广泛宣传。不过，没等于主任在学校操场群众大会上动员完，就有社员前来报告，说铜器是出在这个公社，具体地点叫魏营子。已有好事的社员蹬自行车前往报信去了。事情发展如此之快出乎意料，事不宜迟，在于主任亲自带领下，我们踏着月光，连夜徒步走山路赶往魏营子。

魏营子大队在朝阳县以南90公里处，六家子公社西北15公里的山坳里，共有3个自然村，分别叫前魏营子、腰魏营子和后魏营子。从公社到这里需翻一座较大的山梁。当夜天上飘起了雪花，路上有点滑，不过，大家心中有事，并没有放慢脚步，不知不觉就赶到目的地了。当晚，我们就住在与事情有关的前魏营子村。

在魏营子老乡家里收集到的青铜羊头饰（线图）

刚在土坑上坐下，老乡们就围了上来，并告诉我们——这批铜器是去年秋天在村东北老龙湾修梯田时挖出来的。房东随手又拿来邻居家从老龙湾捡来的一件青铜羊头饰。这件羊头饰虽然不大，但睁目、盘角，有须，口微微张开，其造型与商周青铜器上的羊首酷似，颈后为管状柄，大概也是车上的饰件一类，柄内还有木痕，肯定也是与那批铁岭拣选铜器一起出土的。我们真有些坐不住了，一夜未好好睡觉，第二天天刚刚放亮，大家就赶到了现场。

老龙湾是一块半月形的黄土台地，小凌河的一条支流由南向北流经这里。河流在村东北回折，环绕台地一周再向北流，使这块台地成为一处三面环水的半岛形状。河水清澈，四周群山环抱，形成一个相对独立的小环境，十分幽静。在辽西地区，大山到处可见，河流大都少水甚至干涸，这种有山又有水的地方，较为少见。虽已进入冬季，这里的景色也很值得品味。尤其是隔岸甚为陡直的山崖上，突出一窄长的石阶，如挂起的梯子，直插天空，当地人称“天梯”，还多少增加了一点神秘色彩。

老龙湾 老龙湾是一块半月形的黄土台地，四周群山环抱，十分幽静。小凌河的一条支流由南向北流经这里。河流在村东北回折，环绕台地一周再向北流，使这块台地成为一处三面环水的半岛形状。

整个台地都已修成梯田。在台地靠东部的一级梯田的田埂下，有一片土颜色明显发黑，地表经过扰动，仍可见到散布的碎铜片，偶尔还可捡到绿松石珠。看来这批铜器真的是不久前从这里挖出来的。

经清理，一座墓葬的轮廓出来了。可惜墓的上半部分都已被挖掉，只能从保留的部分木椁板分析墓葬的四边和结构。墓为土坑式，坑长3.25米，宽2.76米，墓底距地表深1.1米。因填土中有大量密度很高的灰膏泥，木椁从而得以保留。在椁底板上还拨露出大片的丝绢，东端散见有绿松石珠。人骨已朽蚀，只在东端找到一个人臼齿的齿冠。木椁结构是先在墓底横放两根圆枕木，上竖铺椁底板，立板插入底板四周的凹槽中。据发现当时在现场的社员告知，随葬铜器出在墓的东北部，但已被全部挖毁。意外的收获是，在墓葬上坡的梯田土埂上，找到一件金臂钏，这显然是从这座墓葬翻土翻上去的。在场的人议论，想来当时挖的急促，把“更值钱的”漏掉了。至此可以确定，这确实是一座西周早期的墓葬。编号为7101号墓。

在魏营子遗址与孙守道捡陶片。

此后，又在同一山坡发掘到同时代的墓葬7座，较大的有木椁，填土中也有灰膏泥，但再未发现成组的青铜器，位置也都在7101号墓以下。看来，被扰乱的这座墓是这群墓中最大的一座。

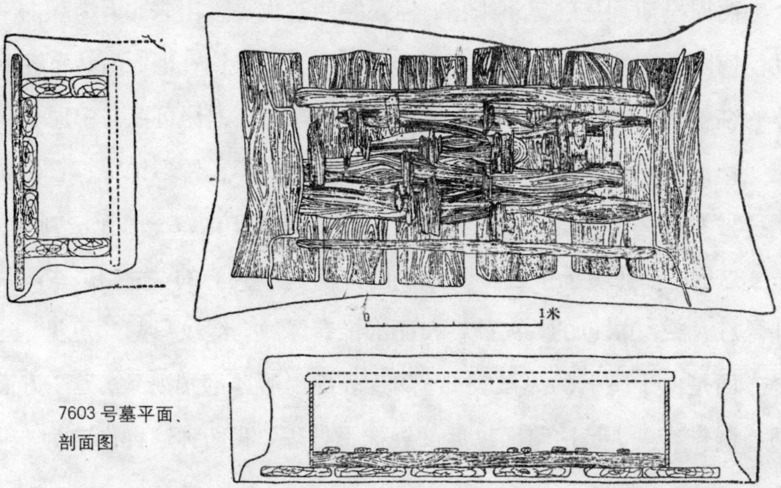

7603号墓平面、剖面图

与7101号墓同时代的7603号木椁墓
填土中也有灰膏泥，未发现成组的青铜器。

在老龙湾采集的魏营子类型陶片

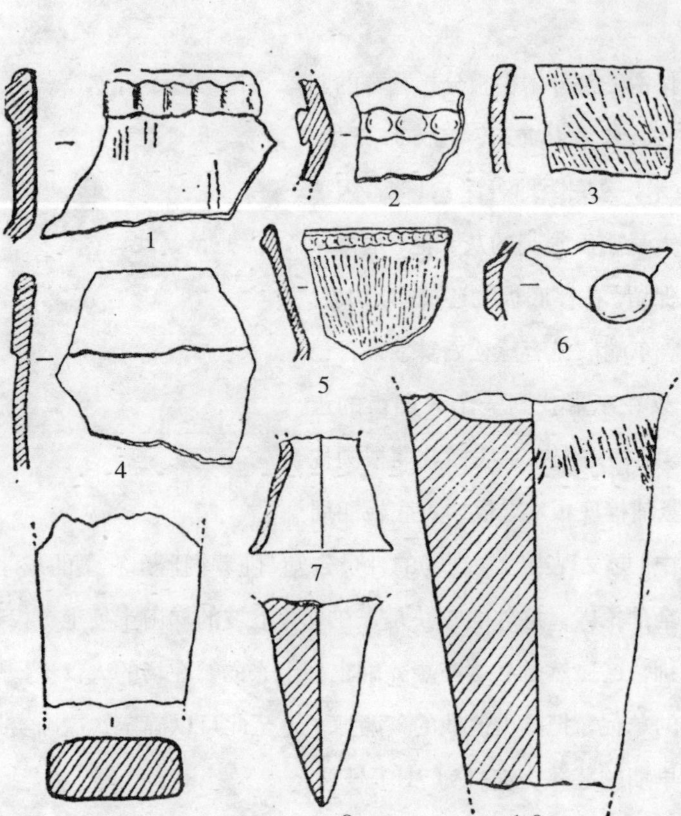

1.鬲 2.甗 3、4.盆 5、6.罐 7.豆座 8.鼎足 9、10.鬲足

西周早期墓是确定下来了，但新的问题也提了出来。因为墓内未见任何随葬陶器的迹象，也不见典型的中原式青铜礼器，虽然墓葬木椁的结构、以灰膏泥填土以及銮铃、车軎等随葬铜器可以与中原文化挂上钩，但有些铜器以前并未见过，如长方形甲、铃形饰等，它们属于哪种考古文化：是典型的燕文化，还是土著文化，一时无法判断。

这时，墓葬填土中出土的几块陶片引起了我们的注意。这些陶片都是红色或红褐色的，夹砂，表面都饰有绳纹，绳纹只隐约可见，这一方面是由于陶器的火候较低，陶片表面易脱落磨损所致，另一方面却与制作有关，是拍印绳纹后又经抹平处理，我们称这种作法为“绳纹抹平”。器形可判断的有一种鬲的口沿，这种鬲的特殊之处在于口沿饰有细细的一周附加堆纹。附近也采集到同样性质的红陶绳纹陶片，还有红烧土残块，从而可以确定，这块台地是一处古遗址，东部是墓葬区，墓葬填土出遗址的陶片，说明墓葬是遗址的下限。可惜遗址堆积很薄，这些陶片都很细碎，一时找不到完整器物。但可以肯定的是，这些陶片与中原地区的商周陶器有别，也不是燕式的，而是具有很浓厚的地方特点。由于它的时代在西周早期以前，这就为了解当地商周时期的青铜文化提供了一些很重要的线索。

当时所知辽西地区的青铜时代考古文化，为夏家店下层文化和夏家店上层文化。在野外调查时，辨别夏家店下层文化与夏家店上层文化最简捷的办法是：夏家店下层文化的陶器为饰绳纹、火候较高、有轮旋痕迹的灰陶或灰褐陶，而夏家店上层文化为素面不饰绳纹、火候较低、完全手制的红陶或红褐陶。魏营子发现的这类陶片，红褐色的陶胎近于夏家店上层文化，而饰绳纹的作风又接近于夏家店下层文化，具有介于这两类青铜文化之间的特点。

当时学术界正在讨论夏家店下层文化与夏家店上层文化的关系。一种意见认为，夏家店下层文化与殷商文化有较密切的关系，而夏家店上层文化则与东北某些青铜文化相接近，是两种属于不同系统的考古文化，它们之间的关系，是夏家店上层文化在辽西地区对夏家店下层文化的取代关系；另一种意见则相反，以为这两种文化有一些共同的文化因素，可能有一定承袭关系。但夏家店下层文化年代下限在商代中期，而夏家店上层文化年代在西周晚期以后，两个文化之间有一段不短的空白。魏营子发现的这类陶器，具有这两种文化各自的一些特征，年代上也介于其间，看来，魏营子这类遗存首先解决的问题，是补充了辽西地区青铜时代考古文化编年和拉近了夏家店下层文化与夏家店上层文化这两个青铜文化之间的关系。为此，在以后的田野工作中，我们十分留意了这类遗存在辽西一带的分布。

事有凑巧，就在当年的9月，我们在喀左县文化馆又看到了这类陶器。这是该馆刚刚从乡下收集上来的一批陶器，出土地点叫后坟，在出土西周青铜器窖藏坑的马厂沟西北仅2公里处，是这个村子在打井时，在一座古泉眼的泉底发现的。

这批陶器共20件，个体都较小，但特征突出。也都是红陶或红褐陶，大多饰有不明显的绳纹，鬲的口沿上大都有一周附加堆纹，特征与魏营子墓葬填土及遗址采集的陶片完全相同但又补充了不少新内容。这批陶器以鬲为主，也多杯、碗类，还有罐和壶。鬲除了口沿饰附加堆纹以外，腹部圆鼓，体长大于口宽，有短短的实足根，特征有些近似于商代中、晚期的陶鬲；杯、碗大都有一个平平的口沿，沿面上也饰绳纹；还有一种压印很深的三角窝纹带，饰于壶、罐的肩部，极具特点。由于这批陶器都是完整器，这就在我们的脑海里对这类遗存逐渐有了一个比较完整的轮廓。

后坟出土的陶器 出土地点在后坟。是村子打井时，在一座古泉眼的泉底发现的。

共20件，个体都较小，都是红陶或红褐陶，特征与魏营子墓葬填土及遗址采集的陶片完全相同但又补充了不少新内容。

由于这批陶器都是完整器，这就在我们的脑海里对这类遗存逐渐有了一个比较完整的轮廓。

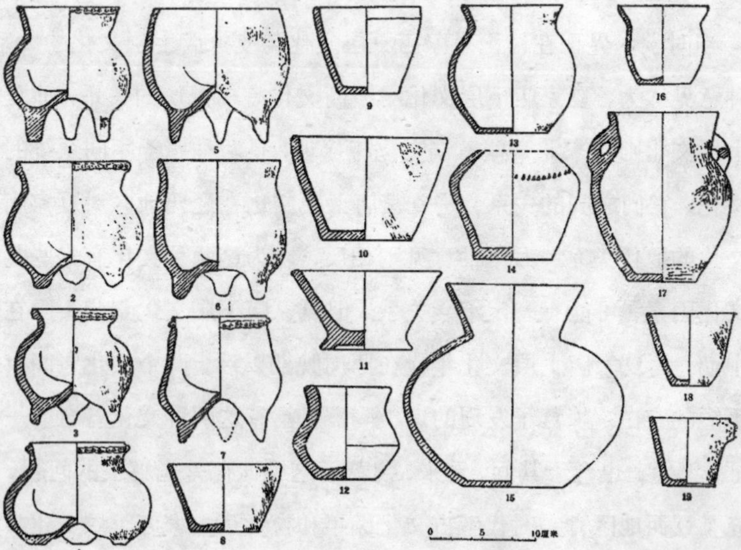

在以后的文物普查中，在喀左、义县、锦州又发现这类遗存100多个地点。分布范围偏于辽西靠南近于沿海的一侧，向北到老哈河流域则基本不见。虽然已发现的遗址堆积都很薄，但从陶器形制及花纹看，特征都十分一致。在以后的喀左县南沟门遗址的发掘中，还找到了魏营子类型叠压在夏家店下层文化之上而被春秋时期随葬曲刃青铜短剑墓葬打破的地层关系。于是我们倾向于将这类遗存确定为一种新的文化类型。

和尚沟墓葬出土的青铜壶

不过，当时辽西地区的青铜文化年代序列，夏家店下层文化和夏家店上层文化已成定式，在其间插入一个魏营子，又缺少遗址的正式考古发掘和系统资料，是否能立得住，仍需要观察和验证。

这时，又有几座有关的墓葬被发现了。其中有的还出土了商周青铜礼器。

和尚沟墓葬出土的青铜卣

1978年，在喀左县和尚沟发现一座墓葬，发现青铜器两件和一件金臂饰，海贝若干。青铜器为一卣一壶，时代都可断为商周之际。它们的体形都较大，铸造工艺也很精，都可与马厂沟等地的窖藏商周青铜器相比。经清理，墓内又发现陶器两件，都为饰绳纹的红褐陶钵，器形和纹饰都具有魏营子文化特征。以后，又在四周发掘到几座墓，只出有铜耳环，都未见有青铜礼器，但所出陶器都为具魏营子类型特征的钵和罐，可知这是一处属于魏营子类型的墓葬区。而且这是第一次在魏营子一类墓葬中发现与当地窖藏青铜器有关的青铜礼器。这大大增强了我将魏营子一类遗存确立为一种新文化类型的信心。可惜，随葬青铜礼器这座墓不是正式发掘。清理时墓葬的东北角已被破坏，两件青铜器、金臂饰、海贝都是老乡挖出来由县文化馆收集的。好在墓葬保存部分较多，两件陶器和人骨都保持了原位。

同样的情况隔年又出现了。1979年，一个叫高家洞的村子也挖出一件青铜器。这是一件瓿，体形较小，但束颈鼓腹的器型和勾连雷纹

和尚沟墓葬出土的两件饰绳纹的红褐陶钵
陶钵的器形和纹饰都具有魏营子文化特征。

都十分标准，圈足上有镂孔。后经清理，墓内也出土了两件具魏营子类型特征的绳纹陶钵，还有两件绿松石珠，证明也是一座魏营子类型墓葬。铜瓿是安阳殷墟早期多见的铜器，是商代晚期出现较早的器物。高家洞墓葬的发现一方面说明魏营子类型墓葬随葬商周青铜器不是个别现象，另一方面也表明，魏营子一类墓葬的时代上限可以提早到商代晚期。高家洞这座墓出在老乡家的院子里，是房东挖菜窖时发现的。在紧靠这座墓的东北侧又发现一座小墓，看来这里也可能是一处魏营子类型墓地。只可惜周围都是房子，不能再扩大发掘范围了。

耳环和小铜镜（线图）

另外，在附近一个叫道虎沟的地方也发现了同时代的墓葬。这座墓虽然未出大件青铜器，却出土了一件典型的魏营子文化绳纹红陶钵，同出一件一端作扇面形的耳环和一件小铜镜。一端作扇面形的耳环，在辽西地区夏家店下层文化及其以后的青铜文化中常可见到，铜镜上饰有放射线状几何纹，近似于齐家文化和商代妇好墓所出铜镜，估计这座墓的时代也应较西周早期为早。

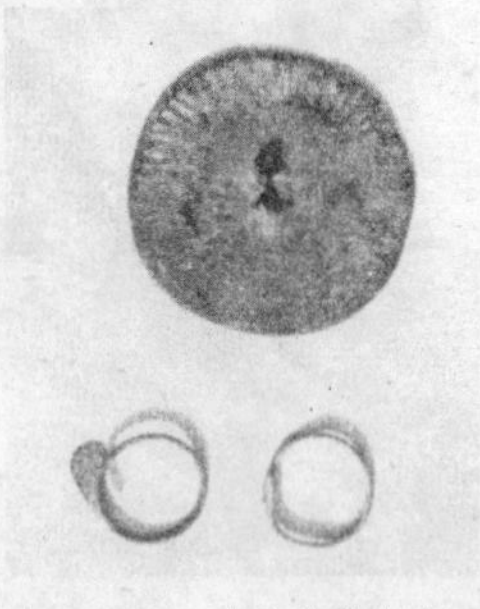

1979年文物普查时在道虎沟收集的墓葬出土的耳环和小铜镜

和尚沟、高家洞、道虎沟的墓葬与魏营子遗址的墓葬相比，虽然在结构和随葬器物上有些差别，但它们都出土具有魏营子类型特征的

道虎沟出土的典型的魏营子文化绳纹红陶钵

陶器，时代也都相近，应属于同一文化类型的墓葬。这就大大丰富了这类文化遗存的内容。

于是，我们就以最早发现的魏营子遗址为依据，将主要分布在辽西地区南部的这一类遗存，命名为“魏营子类型”。研究文章最初以提要形式提交给1981年召开的辽宁省考古、博物馆学会成立大会，次年在会刊上发表。虽然是内部刊物刊登的文章提要，但已得到研究北方青铜文化的同行们广泛注意和引用。

在此前后，天津市李经汉、韩嘉谷通过对天津蓟县张家园遗址和围坊遗址的发掘，确认了当地商周之际也有一种青铜文化，最初命名为“围坊三期文化”，后又称“张家园上层文化”或“张家园文化”。巧合的是，张家园文化与魏营子类型有不少相同之处，最显著的就是都有口沿饰花边的鬲。墓葬也有商周青铜器随葬。以至于有学者建议将这两类相邻的青铜文化通称为一种考古文化，视为同一考古文化的两种类型。

魏营子类型以及张家园文化确立后，学者们都提到它们的学术意义，主要是涉及到周初封燕的历史背景。过去，有学者对文献所载周初将功勋显赫的同宗贵族召公奭封于偏远北方的燕地有所不解，或以为召公原封的燕在中原一带。后多有学者以为，燕原本不是由中原迁来的，而是在当地自然生长的。从考古上则有提出寻找“先燕”或“土燕”文化的认识。当然，周初封燕最终从考古上得以解决是70年代以后北京琉璃河燕都和燕国公墓的发掘，但魏营子文化类型和张家园文化的发现，都证明了周初封燕之前，当地并非蛮荒之地，而是已有较为发达的青铜文化存在，它们或即“先燕”或“土燕”文化。

谁是埋藏者？

魏营子西周早期墓发现的初衷，是想解决辽西窖藏商周青铜器与辽西历史的关系，但结果是确认了一种新的地方青铜文化，这就把问题复杂化了。因为魏营子类型与窖藏商周青铜器这两者之间，虽然年代相近，有些相互联系的共同文化因素，但魏营子类型地方特点较多，文化显得不够发达，而窖藏铜器中中原式青铜器多，重器多，铸造精，两者显得并不相称，它们是否是同一种文化，一时还理不出头绪。如果是同一文化，其背后可能还有别的更特殊的历史文化背景。也许窖藏铜器本身能提供更多的信息。

这些窖葬商周青铜器埋葬的历史背景是什么？埋葬的目的是什么？它们与时间相同、分布地域相近的魏营子类型又是什么关系呢？

其实就在魏营子遗址发现之初，我们就一直盼望着在辽西地区能有新的窖藏商周青铜器发现。因为从1955年马厂沟窖藏青铜器发现后，已过去近20年了。而这一时期，农村到处修梯田，挖水渠，经常有零散的古代青铜器出现。虽然多是春秋战国前后的青铜剑之类，但魏营子西周早期墓有随葬铜器的露头，也许在预示着我们的想法并非不着边际。

北洞一号窖藏坑出土的微亚罍及其铭文

当时共出土了5罍1瓿，是当地群众在村南一土岗上挖石头时挖出来的。

这一天终于等来了。

1973年春，朝阳地区宣传馆打来电话，说喀左县又有商周青铜器出土，地点是在马厂沟以西大凌河东岸的北洞。北洞与出土燕侯盂的马厂沟都属于平房子公社，是当地群众在村南一土岗上挖石头时挖出了一批青铜器，为五罍一瓿。一罍内颈有铭文6字。由于报告及时，文物得以完整保存（图10）。

同年5月，又在同一地点发现一个窖藏坑，出土的青铜器为方鼎一、圆鼎二、罍一、方座簋一、钵一，共6

北洞二号窖藏坑铜器出土场景 这是迄今为止辽西惟一的经正式发掘的窖藏坑。出土的青铜器为方鼎一、圆鼎二、罍一、方座簋一、钵一，共6件。虽然数量不多，但件件是重器。

方鼎内壁铭文拓片

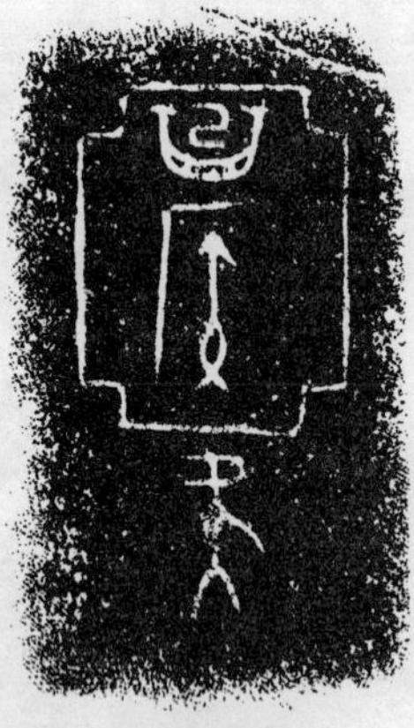

方鼎内底铭文拓片

方鼎 通高在50厘米以上，在诸多商周时期方鼎之中属大型方鼎。鼎腹内壁铸铭24字，内底铸铭4字。

件。这次是我们在北洞调查时，在铜器出土的土岗上试掘发现的，是迄今为止辽西惟一的经正式发掘的窖藏坑。这批铜器虽然数量不多，但件件为重器。最引人注意的有一件方鼎和一件罍。方鼎通高在50厘米以上，在诸多商周时期方鼎之中属大型方鼎之列，鼎腹内壁铸铭24字，内底铸铭4字，是辽西已出土的有铭商周青铜器中字数最多的一件，字体特点近于北京故宫所藏著名的商末“邲其”卣，尤其是内底铭文“箕侯亚罍”，为商代青铜器中多见的一个著名的族徽铭文；一件罍，体形和纹饰都不同于马厂沟和北洞一号坑的罍，有盖，盖面做成一只盘龙形，龙首就是器盖的捉手。罍的通体也是满饰花纹，腹部是两组对称的凤鸟纹，与盖上的盘龙相对，是名副其实的一件“龙凤罍”。相近的形制不见于中原，却同遥远的西南地区的四川彭县竹瓦街窖藏商周青铜器中的铜罍在器形和花纹上酷似。

龙凤罍 有盖，盖面做成一只盘龙形，龙首就是器盖的捉手。罍的通体也是满饰花纹，腹部是两组对称的凤鸟纹，与盖上的盘龙相对，是名副其实的一件“龙凤罍”。

相近的形制不见于中原，却同遥远的西南地区的四川彭县竹瓦街窖藏商代青铜器中的铜罍在器形和花纹上酷似。

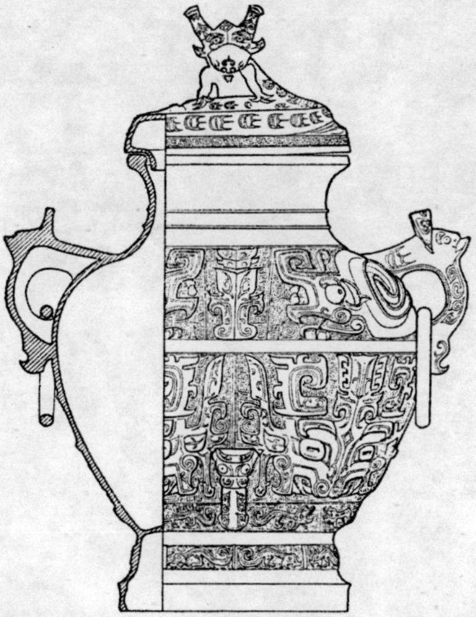

这两批铜器发现地点在一座当地人称为“孤山”的山脚下。名以孤山，确与周围东、西、北部的大山不相连，而且山体结构以及颜色都与周围山体有所不同，呈现一种暗红色。山形对称，也较为规整，位于大凌河东岸的平川上，有拔地而起的气势，显得雄伟。第二批铜器埋藏有序，大方鼎位置在最前面，其后是一鼎一罍，再后是一鼎一簋，簋内置一小钵，而且高平低垫，坑壁以石垒砌，显然是有意摆放，而不似仓促埋藏的，坑内多见烧灰土，方鼎和其他铜器上也多火烧的烟炱，似举行某种祭祀活动而为。雄伟而独特的孤山，也许就是祭祀的对象。

北洞二号窖藏坑青铜器出土时全体人员与民工合影。

北洞二号窖藏坑铜器出土后向当地群众普及文物知识。讲解者为作者。

北洞孤山外景 名以孤山，确与周围东、西、北部的大山不相联结，而且山体结构以及颜色都与周围山体有所不同，呈现一种暗红色。山形对称，也较为规正，位于大凌河东岸的平川上，有拔地而起的气势，显得雄伟。

此后的发现接二连三，有的也是一个地点连出两批铜器。

1974年12月，在北洞以南仅5公里左右一个叫山湾子的村庄，发现了一窖商周青铜器。这次的发现，虽然器物无大件，无长篇铭文，制作的精工，也比不上北洞的两批，但发现的铜器数量多，共达22件，种类也多，仅簋就有7件，其他还有甗三、鼎一、鬲一、尊一、卣一、罍三、盂一、盘状器一，13件铸有铭文，一件甗上铭“伯矩”，较为重要。

事隔3年，在马厂沟以北的大凌河西岸小波汰沟同一地点出土了两个窖藏商周青铜器坑，出土青铜器共12件。这次出土的青铜器以一件大鼎最为瞩目。这件大鼎不仅高大，而且时代早。它通高86厘米，大立耳内有槽沟，深腹下垂，上腹有花纹带，为无地纹的平雕兽面纹。无论器物形制和花纹，都具商代二里冈期特点。这是已知辽西出土商周窖藏青铜器中最大也是时代最早的一件青铜器。小波汰沟窖藏青铜器中，除了典型的中原式鼎、罍、簋等以外，还有具北方式铜器特点的一批器物，如饰铃首的匕形勺、饰粟点纹的器盖，方座簋内底挂悬

小波汰沟窖藏青铜器群发现后先集中放置在喀左县文化馆院内。

铃也被视为是北方式青铜器作风。

而且，商周青铜器出土地点在辽西地区的分布已不限于喀左县境内。沿大凌河向西，在朝阳县木头城子出土一件铜簋；又查到20世纪50年代在朝阳县大庙发现过一件铜罍，现藏河北省博物馆。特别是靠近辽西与辽东交界处的医巫闾山西麓也有商周青铜器发现，地点叫花儿楼，共出5件，为一俎二鼎二甗。其中的俎形盘，周边起沿，体饰平雕的饕餮纹，具商代特点。内底也悬铃，铃甚大，且为双铃。这件俎形器在已知商代铜器中是一种十分罕见的造型。

除了沿大凌河谷商周青铜器的分布超出喀左县境以外，再向北的老哈河到西拉木伦河流域也不断有商周青铜器发现的消息传来。20世纪60年代，曾在赤峰县的西牛波罗出过一件商代晚期的弦纹铜甗。20世纪70年代，在克什克腾旗的天宝同也出土一件形制花纹与西牛波罗相近的商代铜甗。天宝同紧靠西拉木伦河南岸，是目前所知商代青铜器发现最北的一个地点。特别是在翁牛特旗的头牌子，出土了3件商代青铜器，为一甗二鼎，个体都较大。甗高达66厘米，内壁有铭文2字："墉宁"，且都为阳文，最大一个铭文"墉"，长、宽都达9厘米。研究古文字的先生们都说，这样大的单体铭文，以前还极少见到。出土地点正好面对一座叫敖包山的大山，形势有些近似于北洞，应也与祭祀

小波汰沟窖藏坑出土的大鼎

通高86厘米，大立耳内有槽沟，深腹下垂，上腹有花纹带，为无地纹的平雕兽面纹。无论器物形制和花纹，都具商代二里冈期特点。

这是已知辽西出土商周窖藏青铜器中最大也是时代最早的一件青铜器。

花儿楼出土的俎形盘

盘周边起沿，体饰平雕的饕餮纹，具商代特点。内底也悬铃，铃甚大，且为双铃。

这件俎形器在已知商代铜器中是一种十分罕见的造型。

有关。这批铜器的制作显得粗糙，铭文的铸造特殊，器内装有矿砂，且有大片修补痕迹，当地铸造的可能性最大。

这些新的发现，大大开阔了我们对辽西地区商周时期历史的认识。

我有幸参加了北洞的调查发掘、小波汰沟的调查清理和这两个地点的整理编写报告的工作。

在此以前，我对商周青铜器的认识，只有在学校听邹衡先生（按：北京大学教授，我国商周考古权威，已于2006年初去世）讲商周考古课时的一些书本知识。面对这一批批新出青铜器，虽然并不感到陌生，但细致的研究，如准确的断代、铭文的释读等，仍然力不从心。为此，我于北洞两批铜器出土后的1973年4月和8月，曾两次带着有关材料到北京，遍访能见到的先生，当面请教。

我先后到故宫拜访了唐兰、王人聪先生，到文物局（当时叫文化部图博口业务组）拜访了罗福颐、顾铁符先生，到中华书局拜访了张政烺先生，到历史所拜访了李学勤先生，到考古所拜访了夏鼐、苏秉

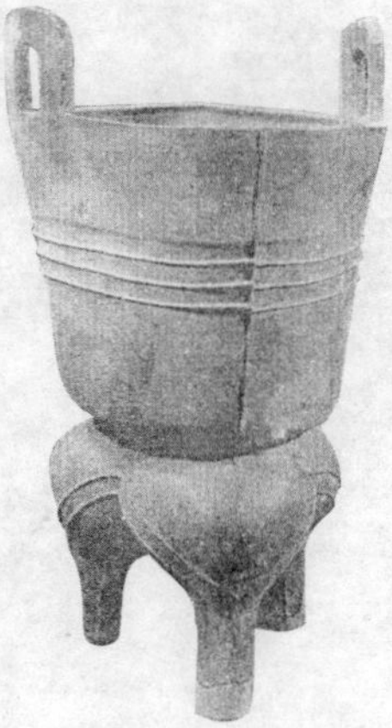

天宝同商代铜甗是目前所知出土地点最北的商代青铜器。

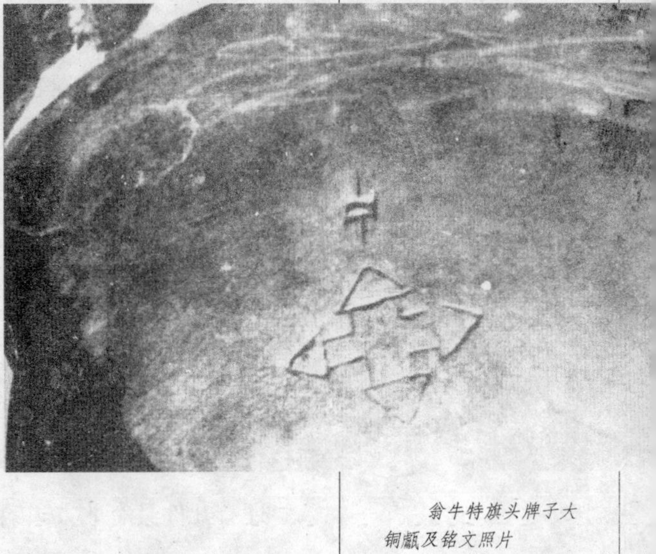

翁牛特旗头牌子大铜甗及铭文照片

琦、郑振香、王世民诸先生，到北大拜访了邹衡、孙贯文、俞伟超、高明、李伯谦诸先生，还到郭沫若同志寓所投送了材料。于省吾先生特意从长春到沈阳观摩过北洞铜器。各位先生都发表了观点，有的还写了书面意见。郭老也委托他的秘书王廷芳同志打电话到王府井考古所转达他的意见，一时间喀左新出青铜器在京城文博界流传开来。近年在京见到一位老先生，他说对我印象特别深刻的就是那年在北京带着铜器材料“到处活动”，我想，可能是那时还在文化大革命后期，政治运动还在继续，文博部门虽然业务开始稍早，也还远远没有恢复正常，我却背着材料到处跑，多少有点特殊吧。可以想像，那次的收获对我来说，是打开了一片新天地。不过，苏秉琦先生告诫我，既要虚心倾听各家的意见，也要有自己的看法，不要就铜器论铜器，要同当地的考古文化联系。

谈起这几批窖藏商周青铜器与当地文化的关系，20世纪五六十年代提出的是不是商周时期当时埋藏的老问题，这时似乎已不再有人提起了。因为这方面已有了可靠的新证据：一是魏营子类型的墓葬随葬器物中有与窖藏坑相近甚至相同的青铜器；二是这几批新出土的青铜器中，还都不同程度地表现出更多地方性特征。

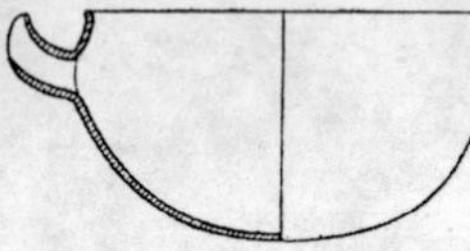

北洞二号坑出土的小铜钵（线图）

这是一件地地道道的当地产品。出土时的位置在铜器群的尾部，被放在一件方座簋内。

地方性特征表现最明确的，应首推北洞二号坑出土的那件小铜钵。这件并不起眼的铜钵，体形小而简单，通体光素无纹饰，造型、作风与同坑其他器物完全不同，如果说有什么特点的话，那就是底部是圜形的，口下有一小嘴，而附近青铜文化出土有形制近似的带嘴陶钵，可以肯定，这是一件地地道道的当地产品。这件小铜钵位置排在铜器群的尾部，被放在一件方座簋内，这座窖藏坑发现时，最先露出来的就是这件小铜钵的嘴部。

还有几件具有北方式铜器特点的铜器很引人注意。其中最典型的，是小波汰沟窖藏坑出的一件器盖。这件器盖的形状为覆钵形，其北方

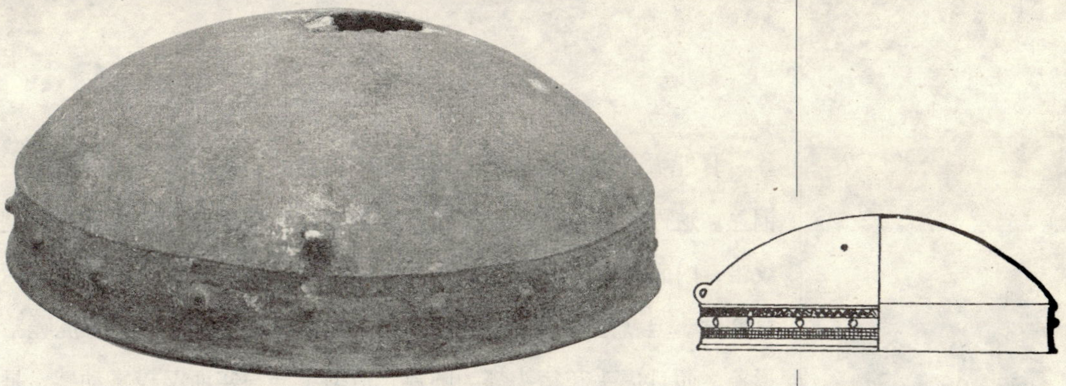

小波汰沟商周青铜器窖藏坑出土的器盖

式青铜器特点主要表现于沿下带状分布的花纹，为粟点纹和锯齿纹组成，同时，器壁甚薄，质地也远不如同坑所出其他商周青铜重器。从口径的尺寸看，它可能是为铜罍另配的器盖。具北方式特点的，还有一批带铃器，如小波汰沟的一件方座簋下悬铃，花儿楼的俎形盘更在内底悬两个大铃。小波汰沟的一件匙的首部也作成铃首形。

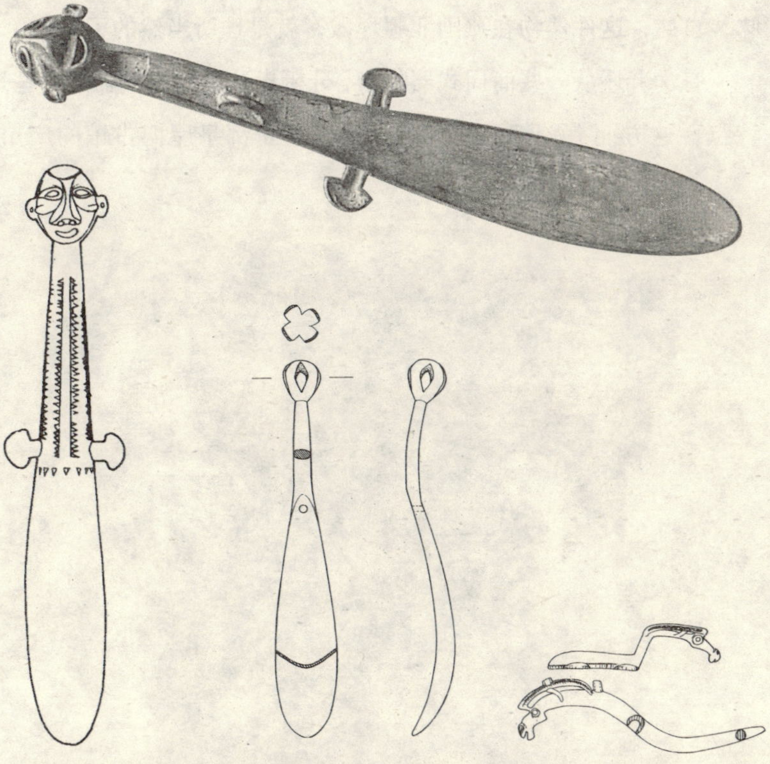

辽西地区其他地点出土的北方式铜器

具北方式铜器特征的，还要特别提到的，是小波汰沟出土的一件铜簋。这件簋有方座，腹部和方座上都饰有兽面纹，圈足部分饰夔龙纹带，内底铸有“王卉于成周”等14字铭文，应该是一件典型的西周早期器。但就是在这件铜簋的耳部，在常见的牺首下，铸有虎噬猪的形象，而且虎头和猪头都为圆雕，造型十分写实而又极富动感，是一件不可多得的青铜艺术品。虎噬动物是北方草原文化喜用的题材。所以，这应该是燕文化吸收北方草原文化的一个十分重要的实例。西周时期的方座簋甚为多见，出土和传世品几百件，但在耳部饰三个兽的，特别是饰有虎噬猪这种具浓厚北方草原文化作风的，大概仅此一件。而且，这件反映周初燕文化融合北方草原文化的作品，还记录了作器者与周王朝的往来，其间以燕国为纽带的多向交流关系，十分耐人寻味。自然，这件器物在燕国北疆埋藏，就是理所当然的了。

小波汰沟方座簋铭文

有学者还从一些商周式器物中，分析出这几批青铜器的一些地域特点。这方面有较细致研究的，是日本京都泉屋博古馆的广川守。

小波汰沟出土的方座铜簋

腹部和方座上都饰有兽面纹，圈足部分饰夔龙纹带，内底铸有铭文，是一件典型的西周早期器。而铜簋的耳部，在常见的牺首下，铸有虎噬猪的形象，却是北方草原风格的装饰。

这件反映周初燕文化融合北方草原文化的作品，还记录了作器者与周王朝的往来，其间以燕国为纽带的多向交流关系，十分耐人寻味。

1990～1992年，广川守先生借参加辽宁省文物考古研究所与日本中国考古学研究会合作研究项目的机会，曾仔细观摩过喀左、义县出土的几批青铜器，在一篇《辽宁大凌河流域的殷周青铜器》的研究文章（载《东北亚考古学研究——中日合作研究报告书》，文物出版社，1997年）中，他将这些铜器分为中原式的、当地仿中原式的、中原式经当地改造或修补的、商周工匠迁居到辽西制作的等数个种类。虽然他的观点不乏可以商榷之处，但这些青铜器有的是在当地制造的，似无疑问。

看来，这些窖藏商周青铜器是当时埋藏，已不是什么问题了。现在的问题是，这大批窖藏埋藏的历史背景是什么？埋藏的目的是什么？它们与时间相同、分布地域相近的魏营子文化的关系是什么？从北洞所在地理形势和埋藏方式看，这些窖藏青铜器的目的是祭祀的可能性较大，它们祭祀的对象是谁呢？

当时我们首先想到的，是这几批新出的铜器中，有没有明确的商代器物，如果有，那就不仅是关系到辽西地区西周早期燕国历史的问题，而且有可能涉及到商代辽西的历史，这当然是更为深入的问题了。因为初看这几批青铜器，虽然以西周早期为主，但有不少是介于商末周初之间的，有的可以明确断为商代晚期器，如北洞的瓿、头牌子的鼎和甗，都是安阳殷墟早期的形制；小波汰沟的大圆鼎，更具二里冈期特征。但器物的年代与它们埋藏时代还不是一回事，窖藏尤其如此。与这些商代器物共存的，大都有西周器物。如小波汰沟与二里冈期大圆鼎共出的，就有典型的西周早期方座簋等；北洞二号坑则有几件器物在商周之间，如方鼎、圆鼎，但也出西周早期方座簋和龙凤罍。所以，从埋藏的年代看，它们都应为西周早期埋藏。不过，也确发现有商代器物单独出土的，如北洞一号坑的五罍一瓿，都可断为商代晚期器；头牌子的一甗二鼎，形制都具殷墟早期特征，说明它们在商代埋藏的可能性很大。但也有的先生以为，它们虽然都是商代器，但出在长城以北的辽西，还是要考虑它们时间偏晚的可能。

其实，早在马厂沟铜器坑发现后，唐兰、郭宝钧、陈梦家等先生就注意到其中有些铜器具浓厚商文化作风，明显的如饰鸟纹的三足盘和饰蝉纹的无耳盘。郭宝钧先生曾做过多方面推测，认为这些具浓厚商文化作风的铜器，或为殷遗风的流传，或为殷遗民所作，或为殷器物遗留。这次在北京，各位先生大都肯定了北洞所出有商代器。记得当时唐兰先生对辽西新发现的青铜器特别兴奋，几次与我通信，在他正在写的一篇《从河南郑州出土的商代前期青铜器谈起》（载《文物》1973年第7期）的文章中，特意引用了北洞一号坑“微亚”罍的铭文拓片，断定为商代后期器，并认为这一发现说明，文献所记辽西喀左一带是商代分封的同姓诸侯国孤竹国，可以从实物上得到证明。以后，李学勤先生以“晏琬”的笔名，进一步释此罍铭文中的“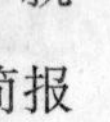”二字就是“孤竹”。由我执笔编写的北洞第一号坑和第二号坑铜器发掘简报（分别载《考古》1973年第4期和1974年第6期），也都强调了商人族属在这一带的活动。在写作这两篇简报时，我主要参考了陈梦家先生的《西周铜器断代》，先生在文中较详细地论述了燕地出土的有商族族徽的西周青铜器，如清末京郊卢沟桥曾出有与燕侯有关的商代钜族“亚吴”器，并联系马厂沟的发现，以为这些与燕国有关的铸有商人族徽铭文的青铜器，是属于商人后裔即所谓“殷遗”的器物。文中对“殷遗”的论述，给我以很大启发。因为这十分有助于解决为什么辽西窖藏商周青铜器中总包含了浓厚的商文化因素。合理的解释是，窖藏即使是西周时期，其中的商代器或有商代族徽的器物，也应反映商人在燕地的活动，他们属于服事于燕侯的殷遗。至于居住于燕地的这些殷遗的来历，一般以为是由中原迁移而来，不过，陈梦家先生以为：“‘全燕’之地与殷的关系，颇为密切。”“殷末周初，这一区域为所谓‘戎’、‘翟’的殷人所居”，似乎认为这些殷遗是原住民，从而燕地可能与商文化起源有关，这也使我对由辽西窖藏商周青铜器所涉及的燕地历史，特别是与商文化起源的关系，有了进一步的思考。

就在北洞等地窖藏青铜器发现后不久，中国社会科学院考古研究所与北京市文物研究所合作，对琉璃河西周燕国都城遗址和墓地进行了发掘。正式出土了一大批燕侯器，还有一批与燕侯有关的属于殷人的青铜器。尤其是琉璃河燕国公墓中，可以分出南、北两区，南区为燕王及燕贵族墓地，北区的墓，则有所不同，有殉人、腰坑和腰坑中殉狗等，这些都是商人习俗。主持发掘的北京市考古研究所郭仁、田敬东两位先生据此以为，北区应是殷遗民的墓地。琉璃河还出土了有“具”、“㠱”等商族徽、受燕侯赏赐铭文的铜器。这些燕地的商遗民，死后可与燕侯共处一墓地，又自设一区，墓主人大都随葬有成组的铜礼器和铜兵器，有的还附设以车马坑，不仅等级较高，而且可以领兵打仗。谈到周灭商后对商人的统治，史学界多引用《左传·定公四年》中封康叔以七族于殷墟，“启以商政，疆以周索”，封唐叔于夏墟，“启以夏政，疆以戎索”的记载，看来燕国对当地强大的商人集团，可能采取了较中原地区商人更为宽松的统治方法，从而使陈梦家等先生的观点，不断得到新发现的支持。

喀左新出的西周早期器与燕国的关系，由于琉璃河的新发现，也多了新证据。虽然北洞、山湾子、小波汰沟等地窖藏青铜器中，未能再出燕侯器，但山湾子出有一件“伯矩”甗，小波汰沟出有一件“圉”器，在琉璃河燕国公墓中都出土有同铭器，琉璃河的伯矩器和圉器都记载了器物主人伯矩、圉接受燕侯赏赐的事。有这两个族名的铜器连续在辽西出土，进一步证明了辽西与西周早期燕国的关系。小波汰沟的圉簋内底铭文与琉璃河的圉器盖器铭文及格式完全相同，还可能证明燕山南北出土的青铜器，是同一个作器人制作的。

至于窖藏青铜器与魏营子文化之间，肯定是有密切关系的。魏营子文化堆积薄，陶器原始，以及与这些典型的商周青铜重器并不相称的现象，可能说明这些青铜重器在辽西地区的埋藏，并不限于当地文化。对此，苏秉琦先生有更深入的思考，他在东山嘴、牛河梁等红山文化祭祀性遗址发现后，把这些在大凌河两岸连续埋藏的商周窖藏青铜器与早于它们两千多年的红山文化祭祀遗址联系起来进行考察，认为牛河梁遗址的发现“丰富了我们对当年在这一带几百平方公里内存在的大建筑群的社会历史意义的认识”。“值得注意的一个现象是：在它们之间的广阔地带没有发现过和它们属于同一时期的古遗址和墓群，却连续发现过相当殷周之际的青铜器群窖藏达6处之多。我们有理由推测，这里还有可能发现与窖藏同一时期的、具有特殊意义的建筑物或建筑群遗迹。这里的‘坛’（东山嘴）、‘庙’（牛河梁）、‘冢’（积石冢）和窖藏坑，我们是否可以理解为4组有机联系着的建筑群体和活动遗迹？远在距今5000年到3000年间，生活在大凌河上游广大地域的人们，是否曾经利用它们举行重大的仪式，即类似古人传说的‘郊’、‘燎’、‘禘’等祭祀活动？这是值得深入研究的。”把距今3000年前的商周窖藏青铜器与距今5000年前牛河梁红山文化祭祀礼仪性遗址相联系，这确实是一个非常大胆的设想，无疑，这也为辽西地区窖藏商周青铜器的研究开拓了一个新的思路。看来，对商周窖藏青铜器埋藏的背景还要继续研究下去。

走进

“与夏为伍”的方国大门

与魏营子类型遗址在辽西地区分布稀、遗存堆积薄、遗物不丰富相比，早于它的夏家店下层文化却完全是另外一种面貌。在我对古辽西文明的探索中，夏家店下层文化占有很重的份量。

丰下的遗憾

夏家店下层文化作为夏代在北方的一支早期青铜文化，距今约4000年。

敖汉旗大甸子大片夏家店下层文化墓地和沿英金河分布的与后来燕、秦长城基本平行的军事城堡带的发现，向人们昭示着不迟于4000年前，燕山南北地区已出现了凌驾于多个城邦古国之上、需靠连锁式带状分布的小城堡进行防卫的、独霸一方的“方国”。

我第一次接触夏家店下层文化遗物是刚分配到辽宁工作时在辽宁省博物馆的库房里，那是1955年东北文物工作队在马厂沟小转山子商周窖藏青铜器坑所在地发掘时所得，是被西周铜器窖藏坑打破的一座夏家店下层文化灰坑出土的陶片。为灰褐陶，饰绳纹，或加划纹和附加堆纹，陶胎较厚，手触之有粗糙感，给我的直觉是，这些陶片都十分接近于二里头文化特点，而我1962年在洛阳实习整理王湾新石器时代材料时，经常也要就近摸一摸洛阳工作站库房里东干沟和二里头遗址的陶片。

1973年丰下遗址的发掘使我有机会第一次接触到这类文化。

1971年冬，调查魏营子遗址的工作告一段落后，我又到北票县东官营子丰富台沟调查。这次调查的目的是为隔年春天即将举办的考古培训班选一个发掘点。丰富台沟是通往大凌河支流东官营子河的一条季节性小河沟，我们走了这条河沟从丰上村经丰中村到丰下村长不到3公里的一段，就一下子发现了4处夏家店下层文化遗址。以后又在周围不到50平方公里范围内发现9处。

这4处遗址规模都不大，面积在5000～8000平方米之间，文化堆积却不薄，厚度都在2～3米以上。文化层多灰土，所含陶片多，石器更多，在地表就可采集到完整的磨制石铲，陶器中鬲、甗等三袋足器特别多见。夏家店下层文化的三袋足器，在大袋足下都另安一个实足根，与商代早期和二里冈时期陶鬲的做法非常相似。这种实足根，由于是实心，很容易保存下来，却极易从器体上脱离，往往单独散落在地表或文化层内。当地老乡在种地或放牧时，经常遇到这种实足根，还给它起了个名字，叫“牛犄角”。在辽西一带做考古调查时，如果老乡说哪里有“牛犄角”，就十有八九是一个夏家店下层文化遗址。

丰下等4处遗址不仅遗物到处可见，而且遗迹也很丰富，在遗址断崖上清清楚楚地挂着一个个房屋断面，房屋的居住面有烧土面，也有白灰面，墙壁有土墙，还有用石块砌筑的石墙，同时还发现有一种用土坯砌筑的墙，竟然与现在当地老乡家所用的土坯规格和砌法差不了多少，一时很难分辨。无论遗物还是遗迹，许多方面都同中原地区的龙山文化和商文化相当接近。这大大改变了我刚从学校分配到辽宁时，认为包括辽宁在内的东北地区缺少堆积丰富的遗址的看法，更诱发了我探索夏家店下层文化的欲望。

丰下遗址的发掘从1973年春开始，历时3个月。参加人员40多名（包括辽宁大学历史系工农兵学员30余名），发掘面积650平方米。这是辽宁省考古发掘规模较大的一次。此前，辽宁省规模较大的考古工作只有20世纪50年代配合第一个五年计划基本建设在辽阳、鞍山进行的汉魏时期墓葬和辽阳三道壕西汉遗址的发掘。辽西地区虽然文

丰下遗址的发掘现场

丰下遗址的发掘算是辽西地区大规模考古发掘的第一次，消息传到北京，大家寄以厚望。记得宿白先生听到此消息还特意捎口信来，希望这次发掘有助于长城以北考古面貌的改变。

化遗址多而丰富，却一直没有进行大规模发掘的机会，发表的资料自然大都较为零散，缺少系统资料。丰下遗址的发掘算是辽西地区大规模考古发掘的第一次。消息传到北京，大家寄以厚望。记得宿白先生听到此消息还特意捎口信来，希望这次发掘有助于长城以北考古面貌的改变。

那是一个特殊的年代。参加发掘的学生多，业务辅导人员少，干扰自然也不少。好在当时贯彻的是“文科要把整个社会作为自己的工厂”的方针，考古发掘就是一个实践的工厂，所以，不管学习开会劳动有多少，工地的发掘可以保持不停工，挖的面积也就较大。我当时意识到，在人员多头绪乱的情况下，要想完全按考古规章制度办事是不可能的，如工地发掘以外，不能安排时间及时粘对陶片就是一个很大的缺憾，致使丰下遗址出土陶器虽然很丰富，但拼对出来的完整陶器的资料较少。但有一个环节必须把握住，那就是层位关系。而恰恰这个遗址的层位关系很难把握，因为丰下遗址成单位的窖穴很少，大多数陶片都出在地层里。而且一揭开表土就发现了多座完整的房址，这些房址的居住面有铺白灰面的，白灰面洁白而平整，而且居住面往往不只一层。有的房址墙壁有七八层墙面叠压。房址有土墙，有的土墙是土坯砌的，土墙外围石墙，有的石墙与房址土墙间有一定间隔，可显示出院落一类的设施。还发现了一座双间式房址。这些都是十分难得的重要资料，而辽宁又是第一次遇到这类完整的遗迹，就更显得珍贵。为了保存这些房址，往下挖的面积就大为减少。不过，还是可以清楚地将遗址统一分出四个文化层，房址都是属于第二层的。在局部探方挖到第三层和第四层，第五层只在个别探方露头，以下就是生土了。

我注意到，越早的地层里，灰黑陶越多，磨光黑陶越多，陶器上磨光部分越多，有快轮修整痕迹的陶片越多。尤其是第五层，经常可以见到典型的黑陶片，很具龙山文化特征。这促使我考虑，夏家店下层文化的年代上限，是不是可以提早到龙山文化时期呢？

当时学术界对夏家店下层文化的年代的看法，一般认为，其延续年代较长，与殷商文化大体相当，它的时代下限不晚于西周早期，并以马厂沟西周铜器窖藏坑打破夏家店下层文化遗址为证。还有将夏家店下层文化与当地出土的商周青铜器相联系的。夏鼐先生曾注意到夏家店下层文化陶器所具有的龙山文化因素，在20世纪60年代夏家店下层文化定名之初提出过该文化是龙山文化变种的观点，但夏先生也并不认为夏家店下层文化的时代就可以早到龙山文化时期。他在后来有关的文章中，根据碳十四测定的年代数据，将夏家店下层文化的年代断在相当二里头文化的年代范围内。

夏家店下层文化的时代上限，能不能早到龙山文化时期，这是关系到燕山南北地区上古历史一个很重大的问题。因为辽西地区从未发现过典型的龙山文化遗存，如果夏家店下层文化的上限可以早到龙山文化，那么，夏家店下层文化的早期，就是辽西地区的龙山时代。一种考古文化，能经历从距今4000年前到距今3500年这样一段较长的时间，而且跨越的又是夏商及夏商以前这样一个重要的历史阶段，其在夏商时期的重要性是不言而喻的，更何况是在远离夏商活动中心的燕山以北的辽西地区。

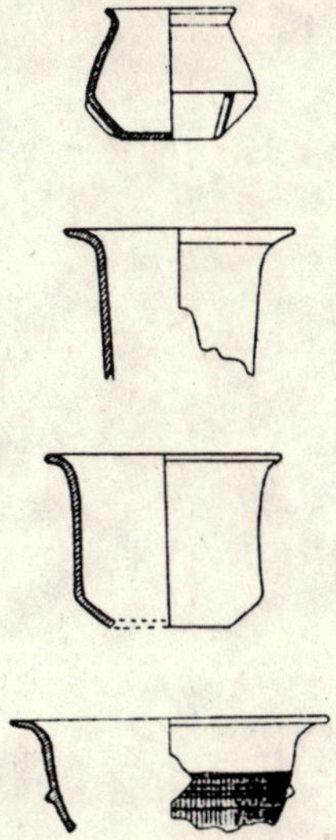

丰下遗址早期陶器

以后在整理丰下遗址材料时，发现第五层的陶器对说明夏家店下层文化年代的上限是最有说服力的。可惜能挖到第五层的探方太少了。在工地发掘快结束时，我们特意在一个探方选择了一块面积较大的地方，下挖到第五层。想不到这里的第五层堆积特别厚，达3米以上，挖到生土时，距地表已达6米。包含陶片也较多，黑陶片明显增多，而且比较典型——火候高，外表黑漆光亮，有的还可清楚地看到快轮制作的旋痕。看来，丰下遗址第五层的堆积相当丰富，而且很具时代特点，可惜已经没有时间再挖了。整理和编写丰下遗址发掘简报时，第五层能用上的标本全都用上了，但仍捉襟见肘，还不能完全说明问题。这对于认识夏家店下层文化的分期、发展演变，特别是它的早期面貌，都留下了遗憾。

不过，我们还是根据已有的有限资料，在发掘简报中提到，从丰下遗址的地层关系看，夏家店下层文化的年代上限要早到龙山时期。

当然，夏家店下层文化年代最终得到公认，还是根据陆续公布的碳十四测年数据和大甸子墓地发掘到的多组陶鬶和陶爵。

所测年代最早是赤峰蜘蛛山遗址，年代为距今3965±90年（树轮校正2466B.C.～2147B.C.），有人认为这个年代数据有些偏早。丰下遗址测定的年代数据为距今3550±80年（树轮校正1886B.C.～1661B.C.），但标本是第三层的，第五层应在距今4000年前后，与蜘蛛山的年代是大体相当的。大甸子所测两个墓的数据较晚，为距今3390 ± 90年（树轮校正1685B.C.～1463B.C.）和3420 ± 85年（树轮校正1735B.C.～1517B.C.），但这两座墓都为晚期墓，说明夏家店下层文化的年代的上限，当超过距今4000年。

大甸子墓地发现的鬶和爵，是说明夏家店下层文化年代最直接的实物证据，因为它们形制极其别致却又与二里头遗址所出陶鬶、陶爵十分相近。记得大甸子鬶、爵刚发现，就由刘晋祥先生送到北京考古所请各位专家过目。看过的先生们都认为可与二里头文化的陶爵相比较，时代也应相近。这样，就打消了对夏家店下层文化时代能不能提早的疑虑。从此，夏家店下层文化作为夏代在北方的一支青铜文化被肯定下来，称为北方地区的“早期青铜文化”。把夏家店下层文化放在夏代范围内进行考察，这对辽西地区考古和上古历史的研究，无疑是一个很大的突破。而它的早期又可能早于二里头文化，那又意味着什么呢？

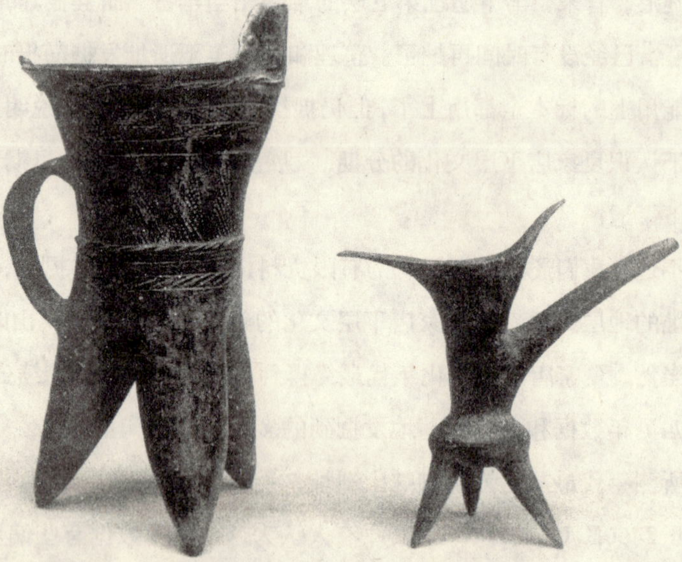

大甸子第612号墓出土的陶鬶和陶爵，与二里头文化同类器物酷似。

陶范的联想

丰下遗址虽然不能再去发掘，好在弥补的机会很多。此后的几年中，我又参加了赤峰四分地、香炉山、敖汉大甸子等几个夏家店下层文化遗址的发掘，每次发掘都有新的收获。其中四分地遗址出土的一件小陶范和由此反映的夏家店下层文化的冶炼铜的技术，对我认识夏家店下层文化的总体发展水平，有很深的印象。

四分地出土的夏家店下层文化铸铜陶范意义重大。这件陶范个体虽小，却五脏俱全，说明夏家店下层文化在它的早期，铸铜业已不原始了。

四分地东山嘴遗址是1974年配合沙通铁路进行的发掘。一起参加发掘的，有辽宁省博物馆走“五七道路”在昭乌达盟文物工作站工作的李恭笃，还有敖汉旗文化馆的邵国田和喀拉沁旗文化馆的郑瑞峰。

这个遗址位于阴河流域，中国社会科学院考古研究所内蒙工作队

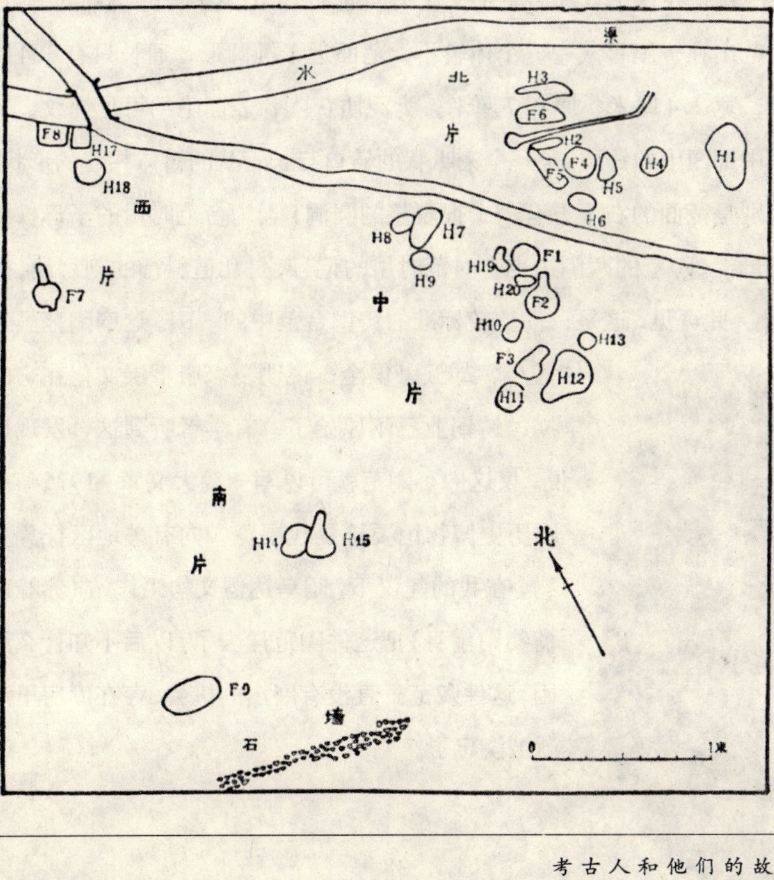

赤峰县四分地遗址房址等遗迹分布图

图中F代表房子，H代表灰坑

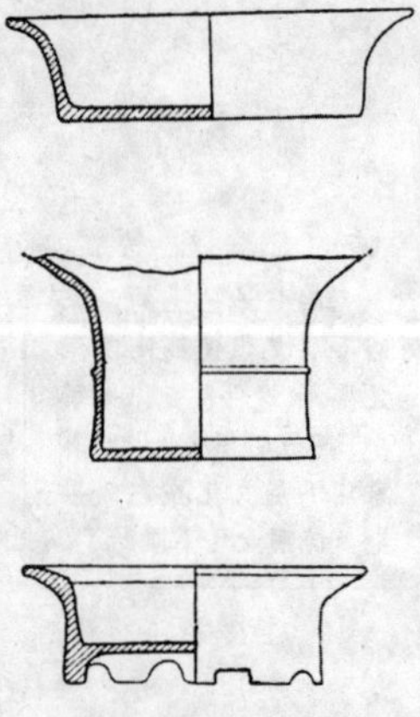

四分地遗址出土的夏家店下层文化早期陶器

夏家店下层文化早期遗址里出土的一件铜铸陶范

个体较小，范面近于椭圆形，通长只有3.4厘米，宽2.4厘米，厚0.7厘米，为泥质灰陶。

这是一件比较标准的铸铜合范中的一扇。说明夏家店下层文化在它的早期，铸铜业已不原始了。对夏家店下层文化的冶铜技术应重新评价。

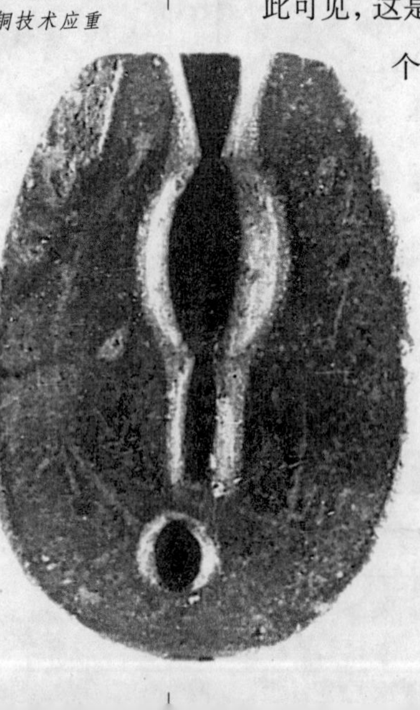

的徐光冀曾在阴河流域调查过40多处夏家店下层文化的石城址，它们都位于较高的山岗和山坡上。四分地遗址同该流域诸多的石城址有所不同，它的位置不在高处，而是在低台地，除局部有石墙外，也没有完整的村砦石围墙，只有遗址上下坡度较大与邻近的石城址有些相似。最为特殊的是，这处遗址没有像其他夏家店下层文化遗址那样厚的堆积，而是只有直接打入生土中的房址及其堆积，以后就再未有人类居住干扰，比较单纯。而且房址也不都是半地穴式的，有的地下部分深达2米以上，应为地穴式房屋。共发掘了5座房址，10座窖穴。出土的陶器中，有较多龙山式陶器。从陶器形制和房址结构判断，这是一个夏家店下层文化早期遗址。丰下遗址没能挖掘到底的遗憾在这里多少得到一点弥补。

就是在这个夏家店下层文化早期遗址里，出土了一件铸铜的陶范。陶范出在一座窖穴中。个体较小，范面近于椭圆形，通长只有3.4厘米，宽2.4厘米，厚0.7厘米。为泥质灰陶，表面隐约可见绳纹。范面中部凹下的铸型，是一个喇叭状的铸口与长管状的铸体相连的形状，特别是范面的右下方有一个很规整的圆洞，当为合范时用的子母榫中的母榫。陶范的两侧边也有对范时用的记号，是几道斜行的刻划线。由此可见，这是一件比较标准的铸铜合范中的一扇。这扇陶范虽然个体甚小，却五脏俱全，说明夏家店下层文化在它的早期，铸铜业已不原始了。有学者听到这一发现后说，仅这件小陶范就可以写一篇大文章。1975年中国历史博物馆要搞夏代展览，向有关地区征集文物，在我的建议下，昭乌达盟文物工作站（赤峰市博物馆前身）把这件陶范送去了，以后不知什么原因，这件陶范一直没有展出的机会，存在库房里渐渐被淡忘了。

此前所知夏家店下层文化的铜器，无非是一些小件装饰品，如耳环和指环之类，它们造型非常单一，只是很有地域特点，如通体弯成椭圆状，一端做成扇面形。从铸造技术上讲，也很简单，而且可能用的是单范。所以，最初将夏家店下层文化与夏家店上层文化从地层和陶器上区分开来，正式定名并划归为青铜时代时，仅以地层中出现的铜渣为主要证据，似乎这些小铜饰是可以被忽略的。四分地这件小陶范则不同，它的发现暗示我们，对夏家店下层文化的冶铜技术应重新评价。

果然，此后不久，在大甸子墓地的发掘中，一次就发现了3件作为石玉钺柄首或杖首的铜套件。用作石玉钺柄首的两件，发掘报告称为铜帽，分别高3.9厘米和4厘米，形状近于鸟首，中部有凸起的眼睛，都有椭圆形的銎口，沿銎口边每面都有三个钉孔，个别钉孔内还插着铜铆钉，这是用以将铜帽固定在木柄上用的。其中属于第715号墓的一件铜帽，出土时因为石钺整体包括木柄痕迹都仍保持着原位，可以看出铜帽的鸟首是朝向外部一侧的。被称为杖首的一件，做成弯角状，高5.4厘米，也为椭圆形銎口，不过銎口外沿不再用铆钉固定，而是饰有三个象征铜铆钉的凸起的乳丁，还有四条平行的棱线。这三件铜套件最为重要的是，体中都有空腔，器壁较薄而薄厚也很均匀，它们的铸造，不仅要用两块外范，还必须用一块内芯，也就是内范，那件杖首还可看到范缝的痕迹。可知当时已能熟练地将内外范结合起来使用了。

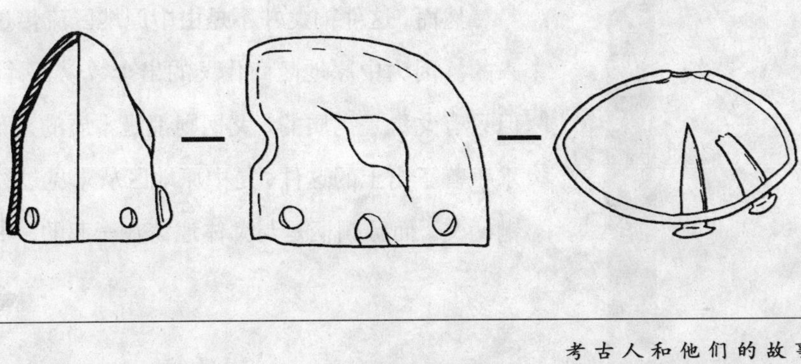

大甸子墓地出土的3件作为石玉钺柄首或杖首的铜套件

它们的铸造，不仅要用两块外范，还必须用一块内范，可见当时已能熟练地将内外范结合起来使用了。

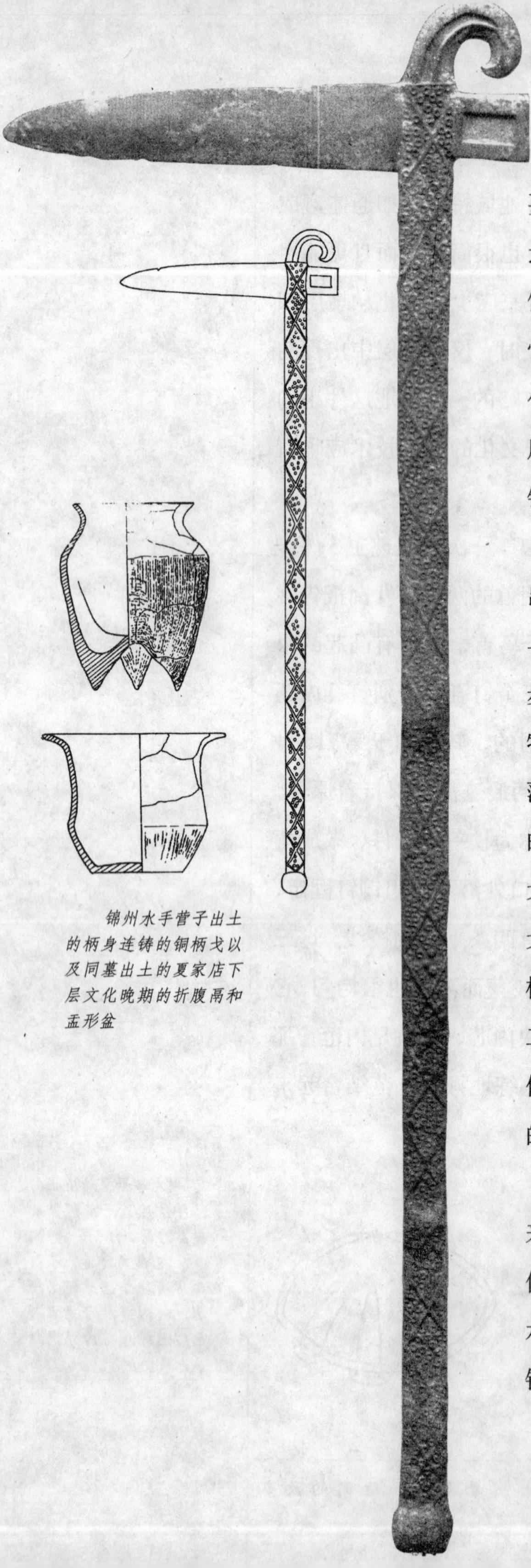

锦州水手营子出土的柄身连铸的铜柄戈以及同墓出土的夏家店下层文化晚期的折腹鬲和盂形盆

有关夏家店下层文化冶铜技术还有一个重要发现，那是在锦州水手营子出土的一件柄身连铸的铜柄戈。我是1986年4月在锦州市博物馆看到这件戈的，听现场清理的人员介绍发现情况，得知这件铜柄戈出在一个夏家店下层文化晚期的墓葬里，通长80.2厘米，同出有夏家店下层文化晚期的折腹鬲、盂形盆和一件石钺。

当时令我惊讶的是，夏家店下层文化终于出戈了，这当然是一件大事，因为这使该文化与中原夏商文化关系的密切程度又大大进了一步，更令我惊讶的是，这件铜柄戈，它的时代特征竟如此标准——铜柄戈的援部甚细长而薄，内则甚短而窄，并有明显下垂，无上下栏的表现。仔细观察，还发现援体中部不起棱脊，戈的上刃前锋部分有弧度，到中后部趋平直，戈的下刃则甚为平直，不显内弯的弧度，且与柄部呈90°角，援与内的比例约为5∶1。这与二里头第三期所出铜戈和玉戈的形制特点从总体到细部，都非常一致，具有现知最早青铜戈的特点，是一件典型的早期戈。

然而，这件铜戈并不是由中原地区流传过来的。因为中原地区商代戈的出土数以百计，但只有戈身是铜质的，戈柄则都是木质的，而水手营子出土的这件，是中原地区从未见过的铜柄戈，而且铜柄是与戈体连铸在一起的。中原戈由于发现时木柄多已腐朽无存，大都只知道戈体本身，只能从安阳殷墟第1004号大墓留有木柄痕迹的戈，大致了解戈的全貌，估计商代戈的长度在1米左右。

水手营子这件铜柄戈，使我们第一次看到了早期戈的完整形象，而且它还透露了铜戈形制上一些有前所未知的情况，如戈的柄首有一个弯月形的上端，弯度甚大，由宽而尖，而且是与戈援背向，弯向戈的外部一侧的，这与大甸子第715号墓玉石钺柄首上作鸟首状铜帽的插置方向是一致的。由钺而戈，它们可能代表着这类武器或仪仗器不同的演化阶段。有趣的是，这种戈柄端外弯的形象，也见于甲骨文和金文上象形的“戈”字，可知，这是铜戈形制的一个普遍特点。

这件铜柄戈所能反映的夏家店下层文化的冶铜技术水平在于：戈的铜柄为实心，从而使整个戈的重量达到1105克，说明当时已能一次熔化和浇铸1000克以上的铜液，那正好相当于一件小型铜容器的重量。戈柄表面还铸出花纹，两面纹饰对称，以斜十字形中填圆圈纹为

大甸子出土的石钺

水手营子出土的柄身连铸的铜柄戈细部

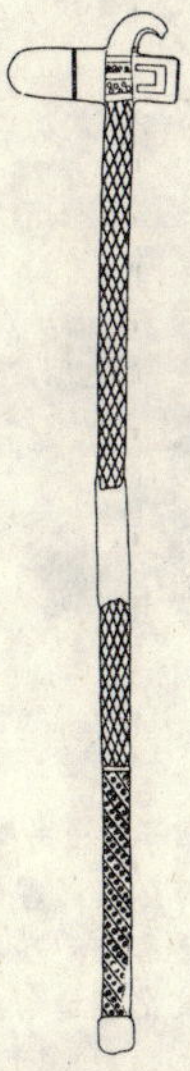

日本京都友邻馆收藏的铜柄戈

一组，每面从上到下共16组。这种圆圈纹，又名连珠纹，是商代从早期起就出现的一种花纹。花纹较细密而清晰，有均匀连续的分组布局，说明当时已掌握了浇铸精细花纹的技术，而不只是简单的弦纹之类。

还要提到的是，这件铜柄戈的出土地点在渤海湾北岸的辽西走廊，已经偏离了夏家店下层文化分布的中心区，由此推测，水手营子这件铜柄戈不会是孤例。果然，就在这件铜柄戈报导不久，传来了日本京都齐成有邻馆收藏的一件形制花纹基本相同的铜柄戈的消息，那大概是早年从中国北方地区收集上来的。

这样，把四分地陶范所反映的合范技术、大甸子的铜套件的内外范的使用，和水手营子铜柄戈的熔铜量和花纹结合起来，都在暗示一个大家都在关心的问题，那就是，夏家店下层文化已经掌握了铸造青铜容器的全部技术。

其实，大甸子陶鬶和陶爵也透露出一些夏家店下层文化铸造铜容器的信息。这种鬶和爵不仅造型特别，而且制作方法也完全不同于其他陶器。它们的壁都很薄，陶胎纯，火候高，制作十分精细，有点类似于山东龙山文化的蛋壳陶，只是陶胎夹细砂，不如蛋壳黑陶那么细腻。尤其是鬶、爵都有成排的乳丁纹装饰。陶鬶的乳丁，见于口沿下，腹中部，鬶与腹壁的衔接处和流的两侧；陶爵的乳丁，除下腹中部外，主要见于腹壁的相交处。由于陶爵腹体不是圆形的，而是扁圆形的，其制作是用两片泥片相叠压而成形的，泥片叠压相交处做成用铆钉加固的样子。这一鬶一爵，给人的直觉是，它们无论器物的特殊形制和技术，都具有仿铜器的效果。恰恰大甸子的铜套件上所见固定在套接的柄部上的圆头铆钉，与陶鬶、陶爵上的仿铆钉不仅做法完全相同，铆钉钉帽的形状也很相近。

大甸子出土的陶鬶和陶爵有仿铜的铆钉装饰，也透露出一些夏家店下层文化铸造铜器的信息。

种种迹象表明，发现夏家店下层文化的铜容器，已是指日可待的事了。

大甸子找“眼睛”

大甸子墓地是1973年发现的，次年发掘。我参加了以后几年的发掘和在承德避暑山庄工作站的整理和编写报告工作。

大甸子是第一次找到的夏家店下层文化墓地。这处墓地规模相当大，出土物也十分丰富，所以也是全面反映夏家店下层文化面貌的一处遗址，不过，它的发现，倒没有什么传奇色彩。

记得从20世纪70年代初开始，辽西和昭盟地区各市县旗都配备了专职文物干部，田野工作也普遍开展起来。那几年发现最多的就是夏家店下层文化遗址，分布面遍及北从西辽河流域南到渤海湾北岸的广大地域，登记数量已经数百处，但发现的都是居住遗址，就是找不

夏家店下层文化的彩绘陶，别的地方少见，代表着礼仪重器，与其他地区青铜礼器同等重要。

这些彩绘陶，纹饰与商代青铜器花纹有关，而且有的很像动物纹，兽面形象也已呼之欲出，如果能找到眼睛—兽目，问题就迎刃而解了。

大甸子遗址与墓地地形图

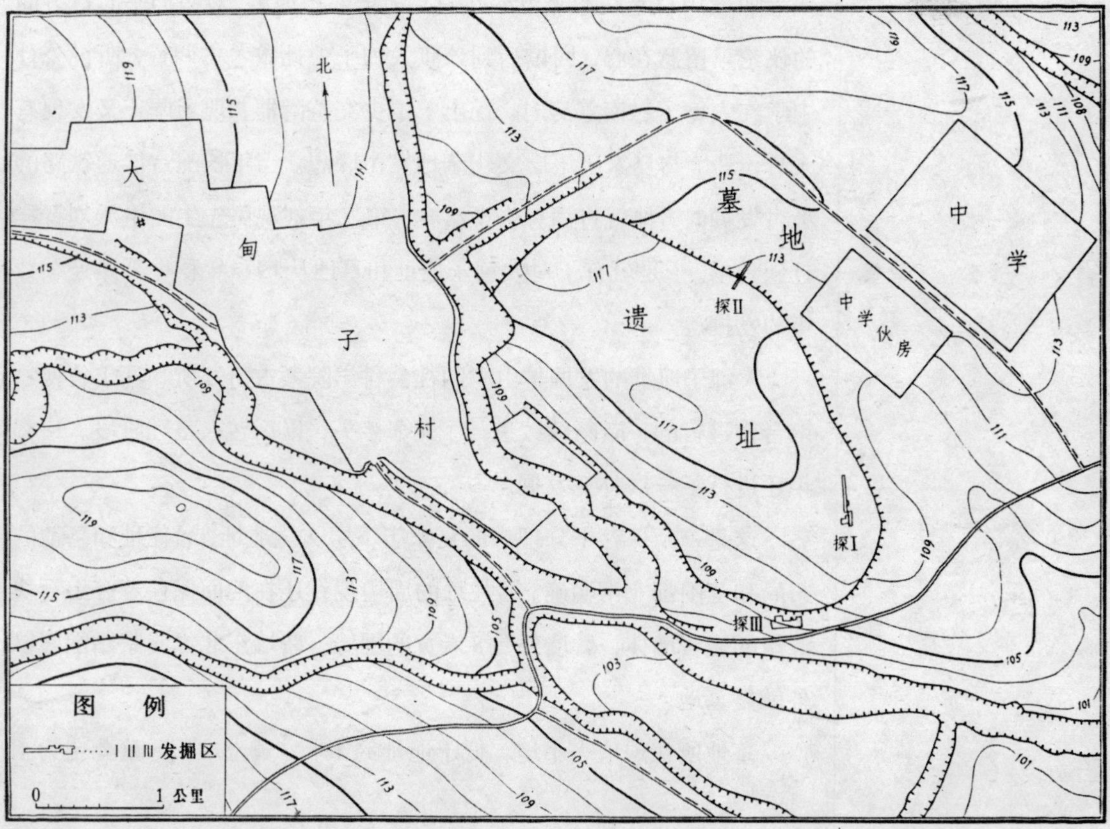

大甸子发掘现场（右为作者）

考古队共进晚餐（自右至左：朱延平、作者、潘其风、薛玉尧、刘晋祥、顾智界、杨虎）。

到墓葬线索。

从20世纪60年代初起就在内蒙古东南部从事田野考古工作的刘观民等先生一直在苦苦追寻墓葬线索，并经常与我们议论如何突破这一难题。初由教师转到敖汉旗文化馆做文物工作的邵国田十分好学，他参加过1973年在赤峰市举办的文物干部短训班，对我们平时这方面的议论早留意在心，回馆后到该旗大甸子公社做考古调查，听说公社中学在大甸子村南盖房时，挖出了不少完整陶器，现场调查又发现有人骨，马上与夏家店下层文化墓地发生联想。当年秋配合沙通铁路的考古发掘时，他就将消息告诉了我，第二年刘观民先生闻讯派刘晋祥赶到现场。于是就有了对大甸子遗址和墓地从1974年秋季开始连续数年的发掘。

大甸子遗址的发掘是由中国社会科学院考古研究所和辽宁省博物馆合作进行的，断断续续进行了4个年头，以后转入整理阶段。1983年还进行了一次补充发掘。

这是一个保存十分理想的夏家店下层文化遗址，居住址和墓地的布局和范围都非常明确。居住址的周边现在还在地面保存着夯土石块混筑的城砦墙体，砦墙外是8米宽的围壕。砦墙东北方向紧贴围壕以外就是墓地。

墓地所在现地表平坦，低于遗址约4米。黄土堆积，墓葬全为土坑墓，距现地表深仅20～50厘米，没有任何后期扰动，墓的边框很容易寻找判断。墓地范围东西长170米，南北宽100米。我们在1万多平方米面积上共发掘了802座土坑墓，平均每12平方米就有一座墓，而且都是同一文化的。如此大规模且分布密集的墓地，在辽西地区过去是连想都不敢想的，而且这800多座墓的墓与墓间，两端间隔大都不到1米，却无任何打破和叠压关系，仅有两座墓的壁龛碰到了邻墓的边框，说明这个墓地的形成和使用是不间断的，表现出极强的连续性。这同丰下等许多夏家店下层文化居住址中房址的多层居住面或几座房址在同一地点连续叠压的情况是完全对应的。

大甸子墓地及居住址

这是一个保存十分理想的夏家店下层文化遗址。墓地在居住址东北方向围壕外，居住址和墓地的布局和范围都非常明确。

尤其是这座墓地的一批大型墓，大都有深达5米左右的墓坑，最深的第728号墓，墓葬深度竟达到8.9米。记得我们在清理这座墓时，在墓口架起一个三脚支架，坐着带滑轮的绳索上下，多少体会到一点在中原和江南地区发掘大墓的工作环境和气氛。

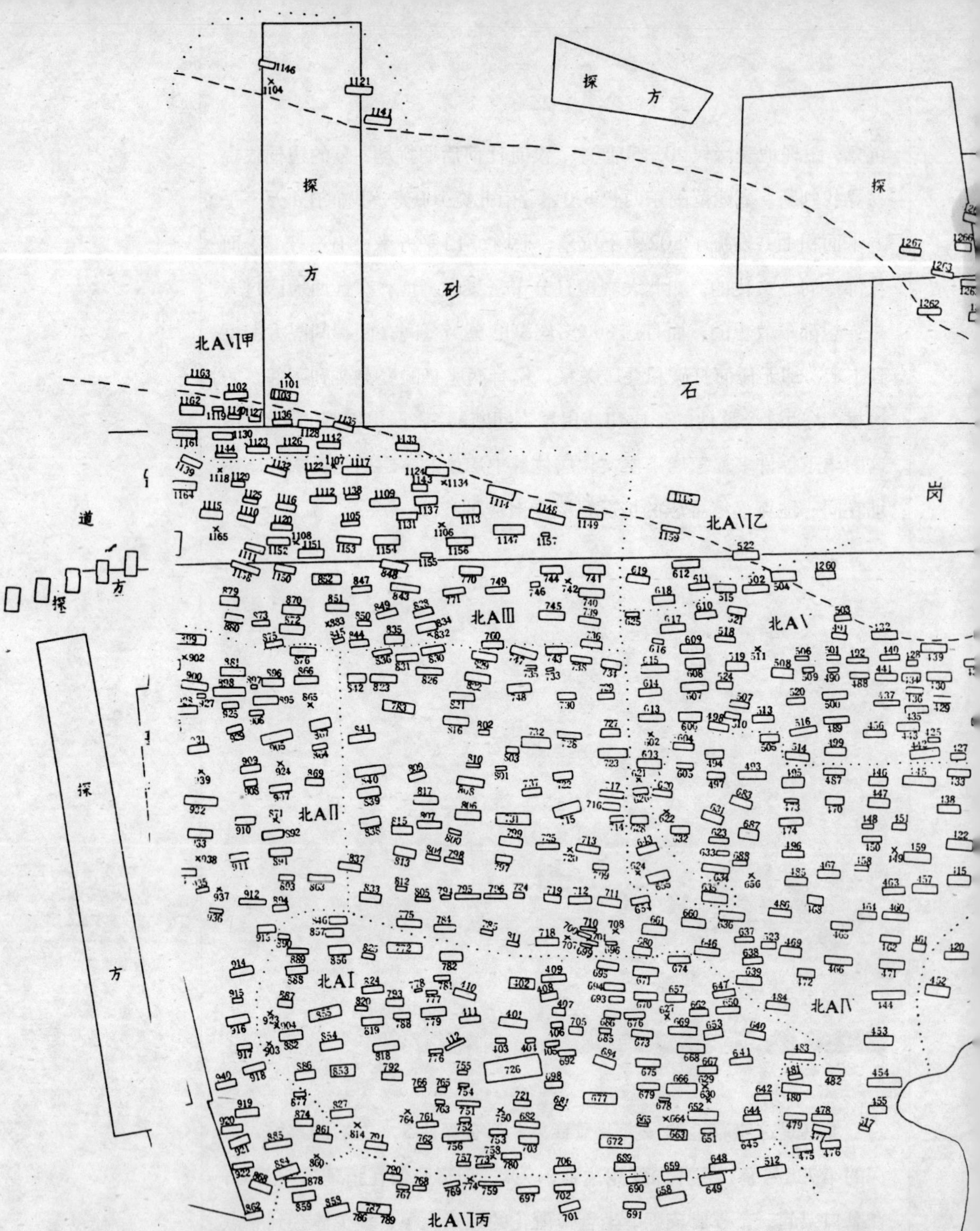

探方
探方
探方
砂
石
岗
北AⅥ甲
北AⅥ乙
北AⅥ丙
北AⅢ
北AⅡ
北AⅠ
北AⅤ
北AⅣ
道
探方
探方
北区
遗址圈

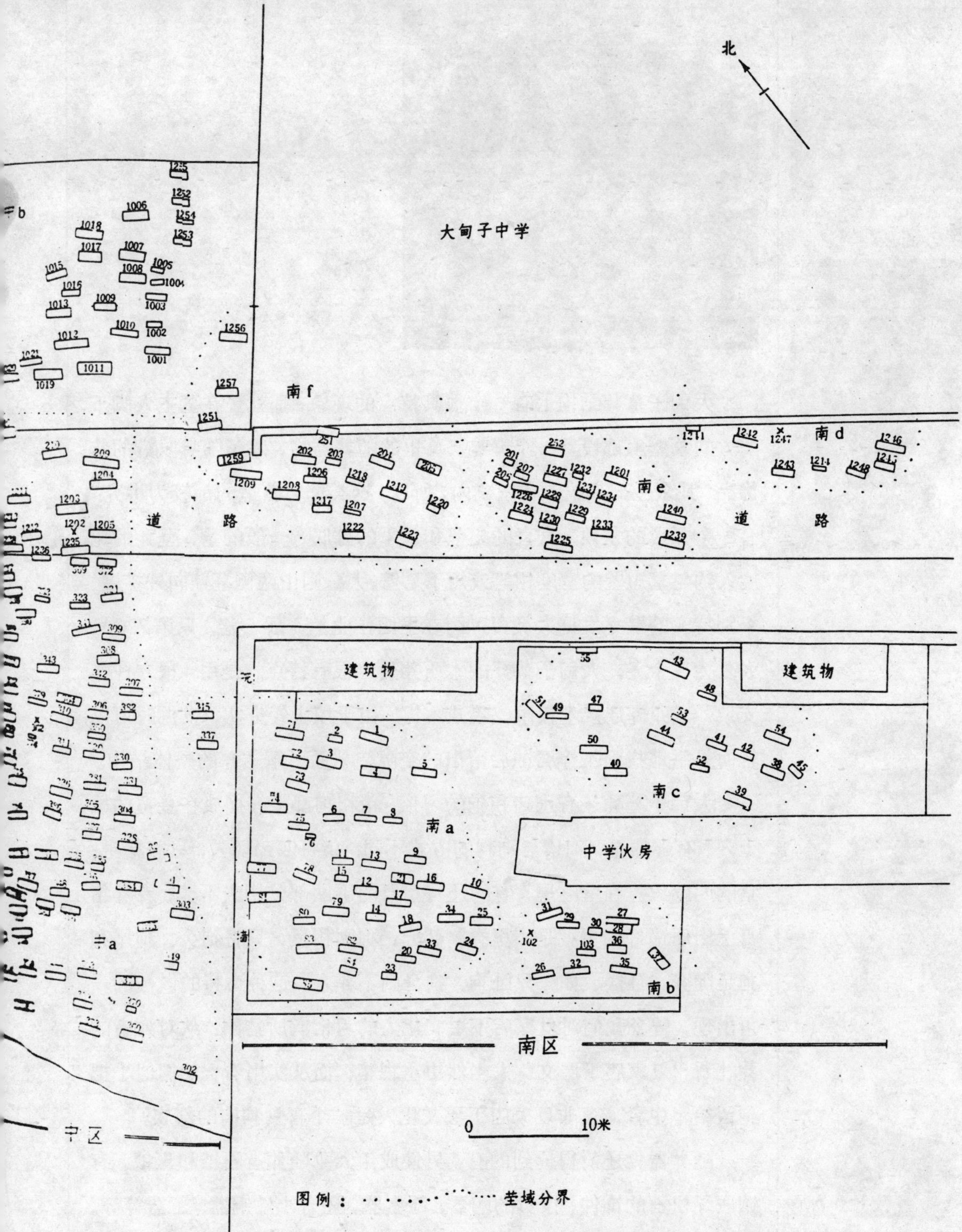

大甸子墓地墓葬分布图 大甸子墓地东西长170米，南北宽100米，共发掘土坑墓802座，平均每12平方米就有一座墓，而且都是同一文化的。如此大规模且分布密集的墓地，在辽西地区过去是连想都不敢想的。

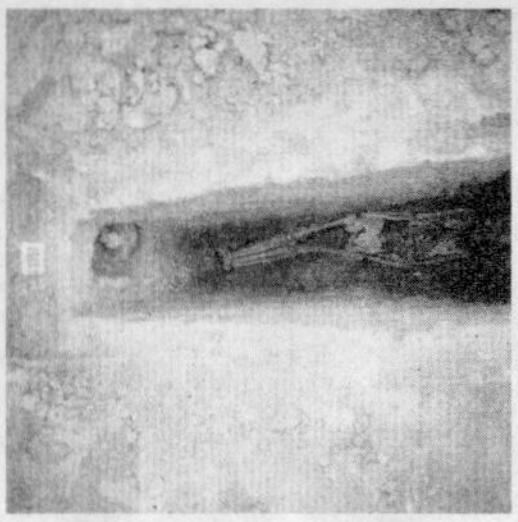

大甸子墓葬及壁龛

大甸子墓壁壁龛及随葬品

作者在清理大甸子墓壁上的壁龛

大甸子墓葬结构上有一个很具特点的现象，那就是在墓主人脚下一方的墓壁上都设置一个壁龛。墓里的随葬器物，除了随身佩戴的装饰品，其余全部都放置在壁龛内，所以，这类壁龛营造的都较为讲究：有一个弧形的龛顶、直直的龛壁和平平的龛底。一般的墓，壁龛的宽度大约与墓短壁的宽度相等或短于墓壁，大墓则由两侧墓壁向外扩展，个别特大的壁龛发掘人员可以蹲在里面作业。一墓一龛，只第726号大墓为3个龛。大甸子墓葬的木质葬具也很有特点，是用4根立柱作支架，以卯榫连接木板做成箱式木椁，由于填土经夯实，发掘时可以轻而易举地找到木椁腐蚀后留出的空隙，从而了解木椁的整体结构。

大甸子墓葬还有殉猪和狗的习俗，猪和狗都整齐摆放在墓室的填土内。有趣的是，殉猪与殉狗的方式不同：猪将四蹄切去，只葬猪身，猪的四蹄放置在壁龛里，有的还将猪身的下肋部分切去不葬，专葬猪身上肉质最好的也就是“里脊”部分；狗则相反，只将狗头、狗尾和狗足随葬，且摆放如一只卧狗，狗身则不葬入，这种奇特的做法的一再出现，曾令我们对夏家店下层文化人的习俗有所猜测：从对死者的葬礼看，夏家店下层文化人当然更重视猪，而从实用看，他们似乎把狗留给了生者，莫非夏家店下层文化人是一个喜食狗肉的部族？

随葬器物还值得提到的有：男性成年大墓随葬有石钺和玉钺，有镶嵌绿松石的饰件，镶贝的陶器、漆木器，还有小件铜器、玉器等等。从墓葬规模、埋藏方式、随葬品种类和丰富程度来看，夏家店下层文

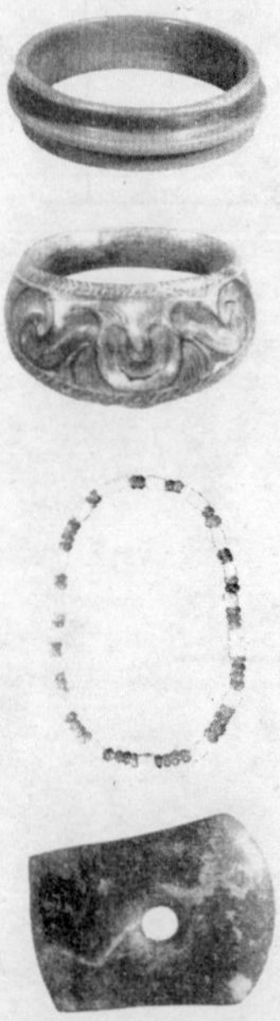

大甸子墓地第453号墓玉臂饰，第458号墓玉箍，第317号墓玛瑙项链，以及墓地出土的石钺

大甸子墓葬填土中的殉猪

作者在拍摄大甸子墓葬填土中的殉狗

化都俨然与中原地区的夏商时期墓葬可以一比。

不过，大甸子墓地最精彩的部分是彩绘陶。

夏家店下层文化最早发现和报导的彩绘陶器，出自赤峰市郊的蜘蛛山遗址。这个遗址发现了14件彩绘陶片，它们都是在磨光的黑陶表面，用朱、白两种颜色绘出，形成以黑色为地、黑、红、白三种颜色相间组成的各种勾连图案。发掘者认为“可辨认的花纹有动物形象的图案”。

大甸子墓葬壁龛中与彩绘陶器一同随葬的猪趾骨

我第一次接触到夏家店下层文化的彩绘陶是在丰下遗址，共发现了20多个残片。虽然图案都不完整，但它透露出的那种特殊的神秘感，既让人感到新鲜，又似曾相识，其作风与仰韶文化和红山文化的彩陶迥异，也与20世纪30年代在辽东地区的大连貔子窝发现的绘几何形图案的彩绘圈足陶罐不同，却与商代青铜器花纹存在有某种内在联系。以后又在赤峰县四分地、建平县水泉等多个遗址发现这类彩绘陶片。可惜在遗址发现的都是碎片，图案的全貌搞不清楚。而且它们都是烧后所绘，十分容易脱落，不像彩陶那样彩绘与陶器已融为一体。

大甸子墓葬的发掘终于使我们有机会看到了完整的彩绘陶器。据统计，在大甸子802座墓葬里，共有223座墓葬中随葬有彩绘陶器，共

丰下遗址发掘的彩绘陶片

达420件。它们不仅全部是完整器，而且大多数都可看到完整图案。有些大型墓随葬的彩绘陶器，可能是因为颜料精、绘制佳和埋藏深的缘故，花纹有的竟鲜亮如初。自然，繁缛而完整的图案已令我们目不暇接。其中有的母题单元独立，可以看出主次，但也有一部分图案，线条曲折勾连，变化无穷，连续性极强，既分不出单元，更分不出主次，这就更显神秘。

这些彩绘的绘法也很耐琢磨：陶器的黑色表面是十分光滑而又不吸水的，陶器的形状如罐类是半球状，鬲的三个袋足部分更是有凹有凸，在这上面作画，既要求彩液有较高的浓度和粘合度，又要掌握好不是在平面而在各种变化的曲面上作画的分寸，在这样的情况下能达到线条流畅，图案复杂多变，其绘画工艺技法之高，令当年在承德工作站为大甸子发掘材料绘图的考古所技术室诸位绘画高手们也惊叹不已。大家议论，没有很长时期经验的积累，没有当时社会发展的特殊需求，是不可能达到这种水平的，也说明这种特殊工艺只能为世代相传的专业艺匠所掌握，他们应该是中国最早的一批绘画大师吧。

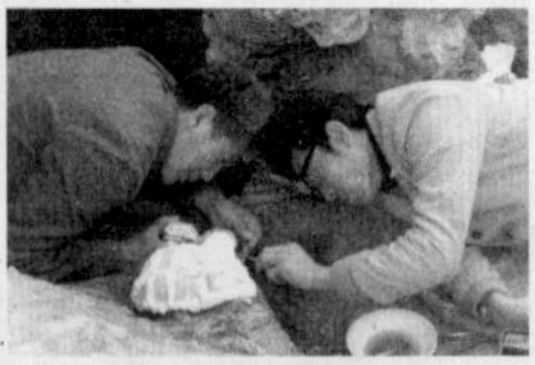

考古技术室的王㐨（左）在金牛山洞穴遗址剥离粘附在岩石上的人头骨化石。

王㐨不仅在服饰史研究方面有很深造诣，对文物保护技术也有全面掌握，且有理论有实践，对马王堆汉墓、法门寺地宫等地点丝织品及对金牛山人骨等的成功处理，都说明他特别能因地制宜地用一些“土办法”来对付那些难以处理、保护的文物。

这些“土办法”在考古工地对各种易损文物进行现场保护和提取，是最实用的。

写到这里，不能不提到当时也在考古所技术室工作的王㐨先生。王㐨不仅在服饰史研究方面有很深造诣，对文物保护技术也有全面掌握，且有理论有实践，对马王堆汉墓、法门寺地宫等地点丝织品以及对金牛山人骨等的成功处理，都说明他特别能因地制宜地用一些“土办法”来对付那些难以处理、保护的文物。这些“土办法”在考古工地对各种易损文物进行现场保护和提取，是最实用的。

1976年，当大甸子彩绘陶以及其他一些现场难以处理的文物不断出土，大家有点一筹莫展时，王㐨与王振江、郑文兰等几位考古所技术专家先后赶到工地。刘观民在向大家介绍他们几位的“本事”时说，除了人头掉了安不上以外，其余都不在话下。果然，几件难缠的文物，像附着在头部和下腿部已零落的串贝、只有薄薄一层红皮的漆觚、镶嵌在陶器上的贝片，经他们的巧手，很快都被驯服了。甚至只有印痕留在墓壁的用竹片编织的“筚筒”，也用石膏托出了整体形状。彩绘陶是需要保护的量最大也最难对付的一类，过去还从未处理过。因为它们不同于此前所出的战国和汉代彩绘陶，所用矿物颜色成份不明，却有一定厚度。陶胎相对较软，且含大量咸性物质，出土不久，陶器表面就开始泛白，彩绘也随之模糊不清了。几经实验，王㐨大胆采用了将陶器整体放进装满已配好的药水液的容器中长时间浸泡的办法，浸泡后，既能将含在陶胎内的咸性物质还原出来，又使彩绘渗入陶器表面——浸泡过的彩绘，牢牢固定在陶器上，碰都碰不动，证明效果很好。这不仅为以后的整理研究提供了方便，更有利于这批珍贵文物的长期保护。

王㐨学过美术，也爱好音乐，他对彩绘图案也极有兴趣，认为有的图案在感觉上有节奏感。他还仔细琢磨过彩绘的画法，认为那种白色边框中间填朱色的做法，往往白色线条流畅，朱色则显得拙笨，那大概是水平不同的工匠所为，可能还有师傅带徒弟的情况。这些对我通过这批彩绘陶器研究背后的“人”，很有启发。

对大甸子彩绘陶的观察，最有意思的，是在彩绘图案中找“眼睛”，也就是兽目。因为既然夏家店下层文化的彩绘陶与商代青铜器花纹有关，而且有的很像动物纹，兽面形象也已呼之欲出，如果能找到眼睛，那问题就迎刃而解了。

1976年是大甸子发掘墓葬最多的一个年度，那也是个多事之年。唐山地震和社会思潮的动荡都曾波及到这个偏远的山村。好在大甸子开工早，上半年已发掘300多座墓。彩绘陶自然也越出越多。

一天，编号为317号的墓出了一件彩陶罐，腹部的彩绘中，白色大多脱落，但红色大部分保存，像是兽面。

大甸子第726号墓出土的彩绘陶罐线条流畅，图案复杂多变，其绘画工艺技法之高，令当年在承德工作站为大甸子发掘材料绘图的考古所技术室诸位绘画高手们也惊叹不已。

大甸子第317号墓彩绘陶罐剔出的兽面纹

三个完整的兽面，呈三分法均匀地分布在陶罐的腹面上。对称的两只眼睛，眼眶为横长的方圆形，眼角上翘，眼珠也是方圆形，十分近似于商代青铜器上饕餮纹的眼睛。

找到了“眼睛”，最终证明夏家店下层文化的彩陶图案与商代青铜器花纹有密切关系，这是关系夏家店下层文化的一些深层次问题如族属问题的一个重大发现，对于研究商文化的起源是不是与北方的燕地有关有重要意义。

我和孙守道、邵国田如获至宝，把这件陶罐小心翼翼地搬到住地老乡家的土坑上，将粘在罐上的土一点一点地剥离下去，居然露出了一只完整的眼睛。再剥，是三个完整的兽面，呈三分法均匀地分布在陶罐的腹面上。对称的两只眼睛，眼眶为横长的方圆形，眼角有上翘，眼珠也是方圆形，十分近似于商代青铜器上饕餮纹的眼睛。当时大家都很兴奋，因为能最终证明夏家店下层文化的彩绘陶图案与商代青铜器花纹有密切关系，这是关系夏家店下层文化的一些深层次问题如族属问题的一个大发现。商文化的起源是不是与北方的燕地有关，我现在心里更有些底数了。

不久，又发现了第371号墓。这是大甸子墓地中一个特大型墓葬，有一个面积与墓葬面积相近的特大的壁龛，龛内放置了7件陶器，个体都较大，花纹保存都较好。它们分为3组放置，其中个体最大、花纹保存最好的一组，为一件鬲下扣一件罍，是大甸子墓地中同类器物中个体最大的两件器物。鬲上有多组一首双身的龙纹图案；陶罍通身被花纹覆盖，肩上绘有对称的两个兽面纹，兽的眼睛也有横长、方圆形、眼角上翘的眼眶，腹部也绘有兽面纹，为3个，并不对称。这件彩绘陶罍，朱彩的红色较淡，朱白两种彩色所占面积又较大，黑地留在花纹的缝隙之间则很窄，通体呈现一种白色效果，加上其端庄典雅而标准的罍形，总使人联想起那件安阳出土、现藏于美国华盛顿弗利尔艺术馆的著名的白陶罍，而大甸子彩陶罍年代却远远早于安阳白陶罍。

夏家店下层文化彩绘与商代青铜器花纹有关系的不只兽面纹一种，还有近似于青铜器花纹中目雷纹、斜方雷纹、圆涡纹（或称冏纹）、龙纹等的图案。

其中在第453号墓发现的一件绘有圆涡纹图案的陶罍，圆涡纹有

倒扣在陶甗上的彩绘陶鬲上的兽面纹

大甸子第371号墓出土的彩绘陶罍

7个花瓣，圆涡纹的位置在肩部，腹部则绘多组兽面纹，与商代铜罍相比较，不仅图案结构布局，而且主要母题所绘的位置，都完全一样。这是夏家店下层文化与商文化关系密切的又一重要例证。而7个花瓣的圆涡纹，在商代青铜器上只见于二里冈期以前。可惜这件陶罍彩绘脱落较多，白色颜料已基本不见，红色颜料也大多模糊不清，而且整个墓地，保存有这种圆涡纹的，仅获此一件，好在保留了一些关键部位。

安阳出土，现藏美国华盛顿弗利尔艺术馆的白陶罍。

另一件双首盘龙形器盖，盖面所绘盘蜷的龙身，通体鳞纹，似蛇的龙头一在盖面边缘，为彩绘，一从盖的中心伸出，立雕为盖的捉手，与北洞所出龙凤罍盖那种平雕与圆雕相结合的艺术表现方式，完全一致，而北洞龙凤罍制作精工，不似当地制作。其间的传承过程虽然错综复杂，但夏家店下层文化肯定是当中的一个源头。

大甸子龙蛇纹器盖

大甸子共发现随葬带兽目的彩绘的陶器28件。其中兽面纹13件。它们都出在随葬器物丰富、规模较大的墓葬中，表明有资格随葬兽面纹图案彩绘陶的，都是身份较高的上层人物。

大甸子第453号墓饰圆涡纹和兽面纹的陶罍纹饰局部

圆涡纹有7个花瓣，位置在肩部。腹部则绘多组兽面纹。与商代铜罍相比较，不仅图案结构布局，而且主要母题所绘的位置都完全一样。

这是夏家店下层文化与商文化关系密切的又一重要例证。

大甸子绘兽面纹的陶瓿出土情况

大甸子陶瓿上绘夔龙纹

自从夏家店下层文化彩绘陶被发现之后，我经常思考和与同事们议论的一个问题是：这些彩绘陶肯定与商代青铜器花纹有密切关系，但是，到底是陶仿铜，还是铜仿陶呢？颇费思量。一般认为，是中原商代青铜器花纹影响了夏家店下层文化的彩绘陶，但是不是也可以从另一方面去思考呢？

这就是一个十分敏感的问题了。不过也不是没有这种可能。因为：第一，夏家店下层文化的年代比商代早，夏家店下层文化的早期就已有发达的彩绘陶，而那时的中原地区，还没有明确的青铜容器发现，直到二里头文化后期才有少量青铜容器，只个别器物上饰有简单的兽面纹饰；第二，当地红山文化已有兽面和龙鳞纹形象出现，有学者已将红山文化玉雕龙的展开视为最早的兽面纹对待；第三，红山文化已有在陶器上涂朱的现象，早于夏家店下层文化的小河沿文化在陶器上涂朱已较为普遍，且发现了绘彩陶器，从而使辽西地区与海岱地区同为中国史前文化朱绘出现最早的地区。看来，夏家店下层文化的彩绘陶花纹，在当地是有传统的，是以当地为主发展起来的。

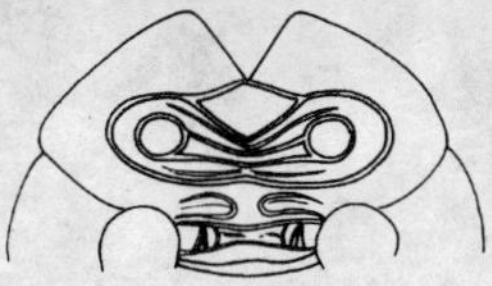
红山文化玉雕龙展开图

刘观民先生在对大甸子彩绘陶的研究过程中，也有同样的感觉。在他发表的最后一篇关于《中国青铜时代早期彩绘纹饰试析》的文章中（载《考古》1996年第8期），对大甸子的彩绘陶与商代青铜器花纹，从构成纹式的因素和结构、器物画面的分割等方面，做过详细的比较。得出的结论是：“以两者相对年代早晚关系推断商代铜器是摹仿夏家店下层文化的陶器彩绘。这种设想虽有其合理的一面，惟于摹仿过程是怎样发生在两种考古学文化之间的，却是耐人寻思的问题。”“提出彩绘纹式是仿自彼时铜器难免令人感到冒失。”

刘观民先生是一位治学十分严谨的学者，他在论述夏家店下层文化彩绘陶以及青铜器花纹的起源时，经常引用梁思永先生早年在谈到中国青铜器的起源时的名言，梁先生当年有“一方面盼望原始形制的青铜器的发现，一方面对商代这种羽毛丰满的青铜文化的似乎突然出现仍有待阐释”的思考。随着夏家店下层文化彩绘陶的发现和研究，离梁先生所预言的目标又靠近了一大步。

作者在承德避暑山庄社科院考古所内蒙队考古工作站整理大甸子出土陶器。

大甸子出土的夏家店下层文化的彩陶

大山处处城堡群

夏家店下层文化的一个突出的特征是：聚落密集分布在河谷高差不同的地带，几乎都有防御设施，由一小串小城堡遗址构成的有机组合群体，恰恰分布在战国秦汉时代古长城线上。

这种文化特征意味着一种什么样的社会结构呢？

我对夏家店下层文化的材料接触越多，越是感到，这真是一支充满了神奇色彩的考古文化。

从居住和埋葬所表现出的当时人们活动的极强的连续性，到发达而神秘的彩绘陶、柄身连铸的铜戈，处处都在向今人显示这一点。

夏家店下层文化遗址分布于从西辽河到渤海湾岸并越过燕山山脉的广大地区，文化面貌却保持着高度的统一性，其凝聚力之强，也与辽东地区分散多类型的青铜文化形成鲜明对比。而更显神奇的是，坐落在山岗上的诸多夏家店下层文化遗址，经历4000年风雨剥蚀，仍在地表上保留着大量完整的砦墙甚至成群的房址等遗迹，向后人述说他们当年的辉煌。“城子山”、“等子山”、“椅子圈”、“龟盖子”，是当地群众对坐落在山岗上的这类夏家店下层文化遗址的形象称谓，它们已成为辽西山区的一大景观。

最早报导夏家店下层文化遗址这种良好保存状况的，是佟柱臣先生。佟先生于半个多世纪以前的1943年，对赤峰县东八家遗址的调查与测量，不用一铲一镐，就将一座完整的聚落布局呈现给考古学界。

这处坐落在西北高、东南低小台地上的石城址，东西宽140米，南北长160米，地表可辨认的有57座房址，集中分布于城址的南半部，都为石块围成的圆形。其中位于遗址南部中央的第57号房址，外围直径达40米，其余的多在3～5米之间。这是研究夏家店下层文化聚落形态十分难得的珍贵资料，可惜这处遗址在20世纪70年代以后地表已被严重扰动。

1964年考古所内蒙队的徐光冀先生在赤峰市英金河及其支流阴河流域专题调查夏家店下层文化，在沿河东西100公里范围内，共发现了石城址43座，大多数也都在地表保存了石砌的城墙和房址等遗迹。

这些石城址在沿河海拔高度700～900米之间的山岗上分布，彼此间相距在300米左右，而且有成群组合的趋势。1986年调查报告发表时，公布了新店和西山根这两个石城址的地形实测图，可以清清楚楚地看到这两个遗址地表保存的沿山坡建筑的城墙轮廓和城内的房屋布局。其中的西山根城址在面积1万多平方米内，就分布有房址72座；新店石城址面积也有1万多平方米，除在城内分布有60座房址以外，在城外还有石砌建筑址18座。而这次调查发现的最大的迟家营子石城址，面积近10万平方米，城内三分之二的房址已被毁坏，尚存的房址216座。据徐光冀先生估计，如将被毁坏的计算在内，整个城址的房址可达600座以上。

我对夏家店下层文化遗址虽然没有做过专题调查，但每次在辽西地区的考古调查，夏家店下层文化遗址总是遇到最多的遗址。所以，对

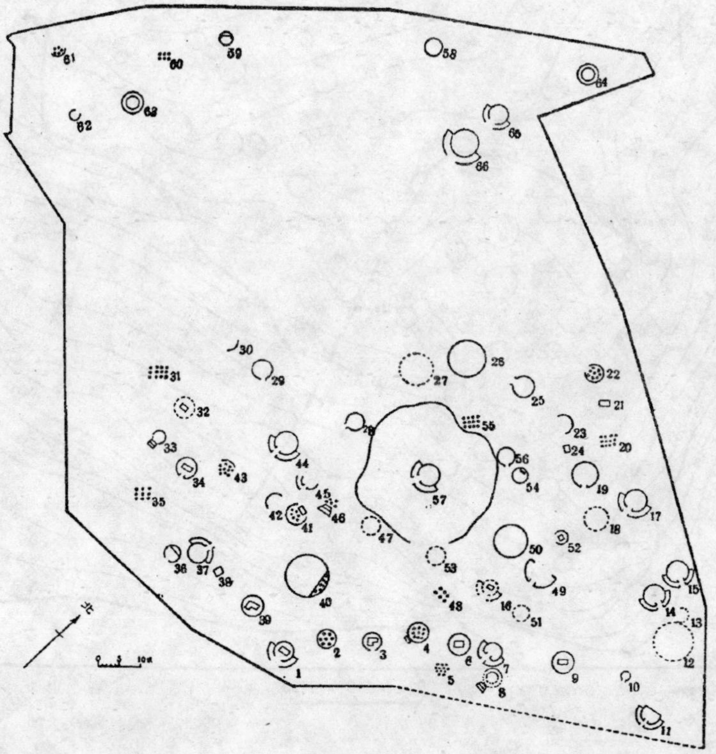

赤峰县东八家石城址地表保存较完整的房址群

这是研究夏家店下层文化聚落形态十分难得的珍贵资料。

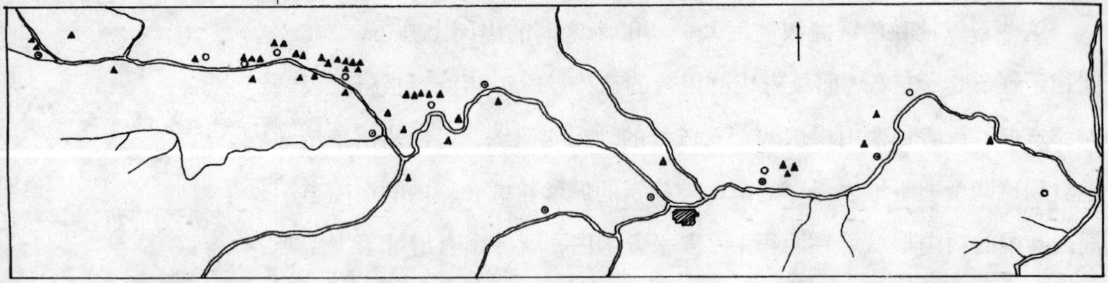

▲ 石城遗址

英金河石城堡带 在赤峰市英金河及其支流阴河流域，在沿河东西100公里范围内，共发现了石城址43座，大多数也都在地表保存了石砌的城墙和房址等遗迹。

这些石城址在沿河海拔高度在700～900米之间的山岗上分布，彼此间距离在300米左右，而且有成群组合的趋势。

赤峰县西山根夏家店下层文化城堡坐落在极陡的山坡上。

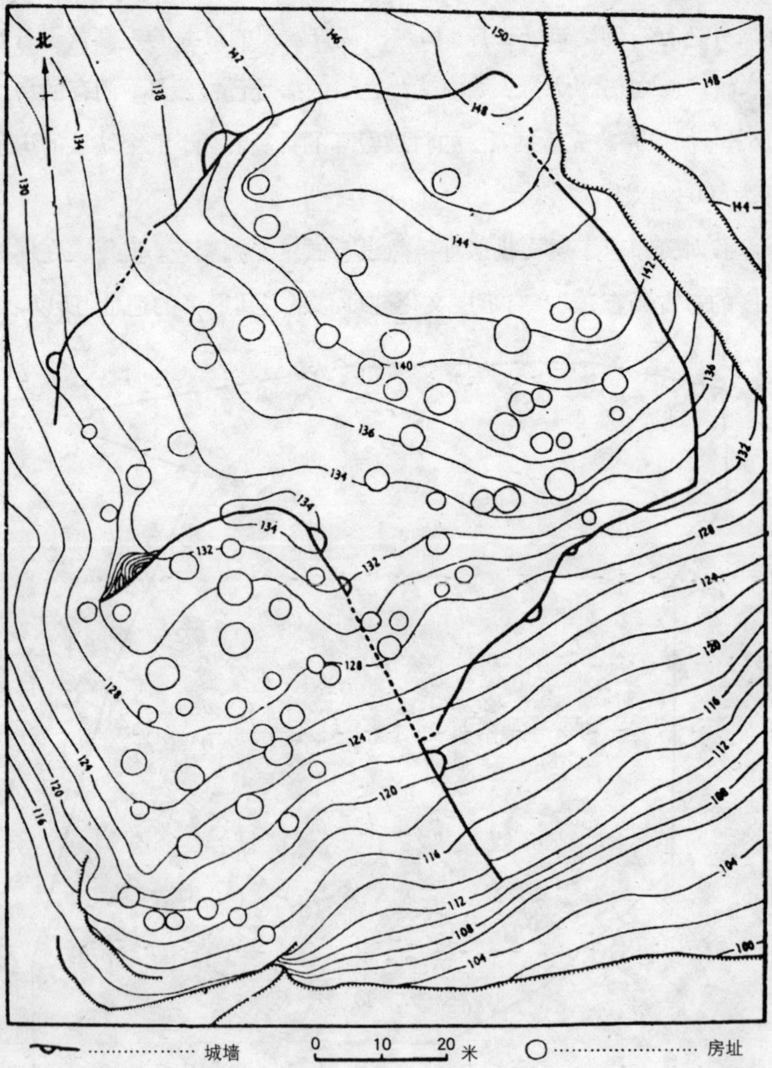

新店石城址（航拍）

夏家店下层文化遗址在辽西的分布的密集情况和独特的分布规律，也深有体会。

在喀左县调查时，我注意到：在大凌河及其支流的沟沟岔岔，夏家店下层文化遗址随处可见。不仅沿河台地，就是远离河川的山岗和大山，也随时可以遇到。我曾经走到喀左县与建昌县交界处的十二德堡公社一个极为偏僻的山沟里，那里的一个山坡上居然也有一个夏家店下层文化遗址，而且堆积很丰富。可以说，夏家店下层文化在辽西地区已经是无处不在了，而且向南越过松岭山脉，沿河一直分布到渤海湾北岸，又可能沿海向华北平原传播。

我曾根据在喀左县发现200余处夏家店下层文化遗址，对当时遗址分布的密集程度做过推测，认为在夏家店下层文化分布中心区的老哈河与大凌河中上游，这类遗址分布的密度“要高于近代村落”，觉得这已经是很高的估计了。但从以后敖汉旗和喀拉沁旗半箭河中游的普查情况看，这一估计还是过于保守了点。2002年发表的半箭河中游考古调查成果，从分布图上计算，所标现代居民点约50处，而夏家店下层文化遗址约为150处，几乎是1∶3的比率。

为什么夏家店下层文化遗址在辽西山区分布如此密集？这还要从它们的分布规律中去寻求答案。

说到寻找夏家店下层文化遗址的分布规律，这肯定是一个很吸引人的题目，因为辽西地区还基本保持着当时的原始地貌，加上密集分布的遗址，已为探索这一题目提供了难得的良好条件，而一旦找到分布的规律性，那对了解该文化的社会结构、遗址功能等，无疑是找到了一把钥匙。

然而，夏家店下层文化遗址所处地形十分复杂，分布面又大，要真正掌握其中的规律性，难度也是很大的。我曾根据自己的实践，提出过夏家店下层文化“遗址群”的概念，这一概念包括两方面的内容：一是遗址类型；二是遗址组合。

谈到划分夏家店下层文化遗址的类型，先要提到日本学者秋山进午教授。1990到1992年，以他为首的日本中国考古学研究会与辽宁省文物考古研究所在进行以“东北亚考古学研究”为题的合作研究过程中，曾测量过凌源三官甸子城子山和阜新县南梁遗址。这两个遗址都坐落在高于河床近50米的山岗上，有土石混筑的城墙。在此前后，他还考察过大甸子和水泉遗址。这两处遗址在河旁低台地，且有土筑的城墙。两类遗址所处地势对比明显。他在为合作报告书所写的调查报告中，主要依据遗址所处地势的这种区别，将夏家店下层文化遗址分为“平地城”与“高山城”两大类型，我以为是比较符合当时人类活动的实际情况的。

当然，对夏家店下层文化的诸多遗址还可以做更细的划分。根据我掌握的材料，还可以将平地城分为低台地和高台地型，将山上城分为高岗型、山坡型和高山型。它们可能有着不同的功能。

康家屯石城址发掘全景

石城址面积约15000平方米，文化堆积厚达2米。

揭露出长度分别为135米和85米、厚度在2米以上的南城墙和东城墙。城外是宽近10米、存深3米的城壕。城内建筑错综复杂：有石砌的主墙和附墙，沿墙有石板路和具排水功能的土路沟，它们纵横交错，相隔而形成若干不同层次的院区和院落，有石砌的排水孔通向院内。院区和院落内除以房址为主外，还相间分布有大量具祭祀功能的地下和地上石穴址和石壁匣。

从我接触的水泉、大甸子等遗址观察，低台地型遗址一般面积较大，堆积较厚，夏家店下层文化早期遗存多出在这些低台地遗址中，它们应该是该文化最早也是最主要的居民点。山上城发现数量很多，但一直没有机会进行全面发掘。在很长一段时间里，我以为这些石城址处于高岗甚至高山之上，生活不方便，应该是当时人临时活动的场所或哨所一类。1997年以来，配合白石水库淹没区的考古，辽宁省文物考古研究所的辛岩对北票市的康家屯石城址进行了全面解剖，才使我对这类石城址并通过这类石城址对夏家店下层文化有了更深的认识。

这个石城址规模不大，面积约15000平方米，文化堆积却并不薄，厚达2米。出土了大量完整的生活用具和生产工具。尤其是这座石城的砌石建筑遗迹非常丰富。揭露出长度分别为135米和85米、厚度在

康家屯石城坍塌的石围墙

2 米以上的南城墙和东城墙。虽然现保存的城墙高度只有下部 1 米多的墙体，仍然使我第一次领略到夏家店下层文化城墙的全貌。墙体的砌筑全不用粘合剂，石墙外壁垒砌得十分整齐，而且有内外护坡，还有距离相近的多个“马面”和城墙转角处的角台。城外是宽近 10 米、存深 3 米的城壕。城门自然砌筑的也很讲究。城内建筑更是错综复杂：有石砌的主墙和附墙，沿墙有石板路和具排水功能的土路沟，它们纵横交错，相隔而形成若干不同层次的院区和院落，有石砌的排水孔通院内外。院区和院落内除以房址为主外，还相间分布有大量具祭祀功能的地下和地上石穴址和石壁匣。

面对这些复杂的建筑布局和设施，我曾联想，康家屯在夏家店下层文化诸多石城址中，只是一个一般等级的石城址，比它规模大的石城址将会是什么面貌？看来夏家店下层文化不仅以山地作为重要的生活和生产基地，而且这些山地居民一直保持着相当严密的社会结构。这不能不使我对夏家店下层文化再一次刮目相看。

康家屯石城址城墙及马面 石墙外壁垒砌得十分整齐，而且有内外护坡，还有距离相近的多个“马面”和城墙转角处的角台。

然而，问题的探索并未到此为止。因为夏家店下层文化的社会结构，除了在每个遗址表现出来以外，在遗址组合中的反映也十分突出。我曾留意过其间的组合关系，认为有些线索。

前面谈到的丰下遗址群的那种沿季节性小河沟的连续分布，是夏家店下层文化遗址组合中最常见到的组合情况，在喀左县调查时经常可以遇到。半箭河中游所见这种分布情况也最多。因为是在较小的流域，所以一般遗址规模都不大，但遗址相距都较近，应该是关系比较密切的社会单元组合。

还有比这种小流域更密切的组合，那是一种多个遗址联结在一起的情况。同事们早就向我介绍过辽西地区这样的实例，但我没有切身体会。近年听说在建平县马场乡有一个夏家店下层文化遗址群，当地俗称为“九连城”，初听有些不大相信，哪有9个夏家店下层文化城址联结在一起的？大概时代要晚吧？因为在辽宁只有明代长城沿线的城址才有这种叫法。

实地调查的结果是，它们的确都是夏家店下层文化城址，不过不是9座，而是5座。5座夏家店下层文化城址连在一起也是罕见的，终于吸引我于2002年前往实地调查。这一带属于老哈河支流的蚌河流域，遗址群在蚌河支流的一条小河沟旁的山岗上，从坡下到岗顶，5个规模相近的城址紧紧相靠，它们都不是文化层堆积较厚的台地式遗址，而是属于山坡型和高岗型的遗址组合。城址的石砌城墙都完整保存，由岗下逶迤向上，在岗顶层层排开，很有些气势。这座"五连城"，现已被公布为辽宁省的省级文物保护单位。

在敖汉旗的上石匠沟，我们还调查到"两两相对"的夏家店下层文化遗址组合。这两处遗址，它们所处地理形势完全相同，都在一小河沟沟口伸出的台地上，规模也相近，中间隔着一条河沟，两相对望。以后，在喀左县调查时，又在九佛堂遇到相同的情况。半箭河流域的调查，从分布图看，这种沿沟口隔沟两两相对的情况也不在少数。它们也应是夏家店下层文化一种社会组织结构的反映。

在喀左县调查时，还发现地势完全不同的遗址之间，相距很近，一高一低，呈相互守望之势，我称它们为"高低相望"。1974年冬天，我在邵国田引导下，曾登上大甸子遗址附近群山的最高峰——海拔1000多米的岱王山山顶，发现山顶上竟然也有石砌基址，且散布有夏家店下层文化陶片。它与山下的大甸子遗址群，肯定也是一种高低相望的关系。当时给我印象深刻的是，如此高的山顶，显然不适合人长期居住，应该是哨所一类性质，看来当时人们已经有在高处设防的意识了。

其实，夏家店下层文化遗址处处都在体现它的防御功能。如遗址的立体式选址、城墙和城壕的营造、房址外的院落和院区等等。西山根石城址是体现夏家店下层文化防御意识的又一个典型例证。我曾到西山根城址做过考察。这座城址的选址，完全不是平地，而是坡度甚为陡峭的山坡。从坡上到坡下的200多米距离内，遗迹分布高差竟达

30多米，而石砌城墙向地下深入也达到2米左右。其地势之险要，城墙砌筑之费工，给人留下更为强烈的防御意识的印象。

是什么背景需要当时人们如此注重设防呢？当时比较喜欢引用恩格斯《家庭、私有制与国家的起源》中的著名论断："在新的设防城市的周围屹立着高峻的墙壁并非无故：它们的壕沟深陷为氏族制度的墓穴，而它们的城楼已经耸入文明时代了。"这句话用在夏家店下层文化时期石城址纷纭出现是再恰当不过了。但实际情况可能还要复杂得多。

从大范围考察夏家店下层文化遗址的分布规律，也许能找到比较圆满的答案。

英金河及其支流沿河川成群分布的石城址是了解夏家店下层文化防御功能的重要实例。在从阴河到英金河长100多公里的河川两岸的岗地上，主要是北岸，分布有43座城址。徐光冀先生以为，这43座城址又可依分布密度分为 3组。每组有一二座较大城址为中心。3组又以一座最大的城址为主要中心。苏秉琦先生形象地称这类沿河流大范围分布的遗址为"链锁式"分布。巧合的是，英金河夏家店下层文化链锁式遗址群的走向，也是一千多年以后燕秦长城经过的线路。对于这种大范围的防御体系，苏秉琦先生称之为"长城原型"，意味深长。

大甸子遗址群是又一种大范围立体分布的类型。这一带是群山环绕的小平原，大甸子遗址紧靠山麓，附近高岗有几个小型遗址，再向外，沿群山山岗上，都有遗址分布。前面提到的岱王山顶是其中最高的一处，而以大甸子遗址规模最大。是以大甸子遗址为中心，有中心与外围，层层防御的大规模的遗址群。苏秉琦先生称之为"棋盘式"分布。

半箭河中游则有相邻两个地势完全不同的遗址群。大山前的遗址群位于河旁台地，架子山遗址群位于高岗的坡地、岗顶甚至高山顶部。两个遗址群隔半箭河相望，应是山上聚落群与平地聚落群高低相望立体分布的关系。

半箭河流域夏家店下层文化遗址群

夏家店下层文化遗址数量之众多，文化堆积之丰厚，在辽西以至整个东北地区的诸多古文化中，都是首屈一指的。从遗址内部结构到遗址群的分布规律，更反映出夏家店下层文化社会组织的多层次和严密的防御体系。这是夏商时期雄踞燕山南北的一个强盛方国。然而，这样一支与夏为伍的强大部落集团，在文献中却缺乏明确的记载。他们是谁呢？

邹衡先生以为是肃慎，张忠培先生以为是有易氏，俞伟超先生以为与东夷有关。不过，从夏家店下层文化与夏商文化关系的密切程度和影响看，它更有可能是先商文化的一支。老一辈史学家傅斯年、顾颉刚、翦伯赞都曾有商文化起源于渤海湾或东北之说，但却来不及看到考古实证。1976年我曾有机会拜访过吉林大学的金景芳先生，金先生谈起他的新作《商起源于北方说》发表时的曲折，以及最后终于在《中华文史论丛》上刊登的过程。他力主商文化起源于辽西，并以那几年不断报导的夏家店下层文化遗址等商代文物为证据。

商文化起源与辽西地区有关，还得到人种学的支持。潘其风先生在鉴定和比较了殷墟和大甸子人骨后，得出过这样的结论：殷墟王陵以外氏族墓地中有一定规模的中型墓葬,均有成组的礼器或奴隶陪葬。墓主人的身份应区别于一般小型墓葬的平民,他们可能是受封的贵族,与王族关系密切,甚或本身就是王族的成员。他们的颅骨测定结果,呈现出具有北亚蒙古人种和东亚蒙古人相混合的形态。这说明，商族的祖先很可能与北方地区的古代居民有更多的关联。因为像这种兼有东亚和北亚两种类型相混合的人种特征，并不是黄河流域中下游原始居民所固有的。

苏秉琦先生在论述辽西古文化、古城、古国时，曾寄希望于比大甸子规格更高的古城遗址的发现，这指出了夏家店下层文化今后工作的重点。也许那时我们提出的问题会有进一步解答吧。

现在最为忧虑的，是夏家店下层文化遗址的保护问题。因为像夏家店下层文化这样将几乎整个文化的原貌保存到现在的情况，不仅同时代诸考古文化，就是以后各个时代也很难找到，何况它对研究夏商文化还有那么重要的价值。但我亲眼看到的是，这批遗址正在迅速消失。如果说中国文物保护的任务繁重，那么对夏家店下层文化遗址的保护就更迫在眉睫。眼下马上要做的是，能抢救的要尽量赶在前面抢救下来。近年，张忠培先生策划并率队选择半箭河中游开展以保护为第一目的的高密度的考古调查，并在调查后迅速将整个区域公布为文物保护单位的做法，是一个创举，但愿这一做法能推广下去，并再坚持几年、十几年。

2001年，我应北京考古所刘国祥之邀，曾在《中国文物报》为敖汉旗城子山遗址所写的评论中表达过类似的心愿：

遍布辽西山区数以千计的夏家店下层文化遗址,类型分化显著,地面可辨认出城墙遗迹和房址的不在少数,从而在聚落分布方面透露出多种信息，现在这些遗址保存状况虽已大不如几十年前，但地面遗迹保留之普遍仍然是独一无二的，这是一批研究夏商时代聚落形态的绝好资料。应抓紧时机多地区多部门协作，按田野调查规则对遗址逐个逐群作尽可能详尽的记录。近年有关地区进行的“拉网式”调查结合现代科技手段分析，十分适用于地表显示良好的辽西地区,表现出其在完成这方面任务的良好前景。

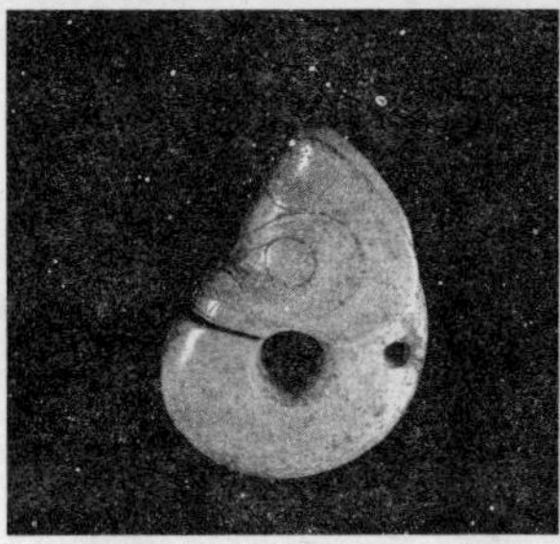

从东山嘴到牛河梁

1979年5月，辽宁省全省文物普查开始。东山嘴与牛河梁遗址都是在这次文物普查中被发现的。

走到自然村

辽宁省的文物普查是从20世纪70年代末全国起动的文物普查中开始较早的省份。这次普查与以往考古调查不同的是，不是专题调查，也不是区域调查，而是按行政区划进行全面调查。这是一项大工程。辽宁计划4年搞完，先从文物分布较多的朝阳市的朝阳、凌源、喀左3县开始，并召集全省各市、县、区派学员参加培训。

东山嘴与牛河梁遗址都是红山文化晚期的重要遗址，距今约5000年。

20世纪80年代，由于东山嘴遗址的发掘和红山文化玉器鉴定成果的公布以及牛河梁遗址的发现，提出了中华五千年文明起源的新课题。

我被任命为喀左队队长。普查开始时我正在西安参加中国考古学会成立大会，会议结束，连家都没来得及回，就直接奔到县里。当我坐了一天一夜火车赶到被选为试点的平房子公社时，面对17名来自全省各地整装待发的学员们渴望学习的面孔，真是感到责任重大。

当时布置的任务是，一个半月时间跑完全县。喀左县21个公社共220个生产大队，每天要跑5个大队。17个学员绝大多数都是新手，以老带新，按每组3个人计算，只能分5个小组，每组每天就得走完一个大队。考虑到这些实际问题，所以当时要求，调查到生产大队就可以完成任务了。但遗址的分布在沟沟岔岔，只走到生产大队会漏掉不少，怎么办？

好在每个县都先选择了一个公社作为试点，还有调整的可能。当时正好在省文化局社会文化处工作的辛占山同志在场，我就动员他一起走走看。果然，我们刚走上平房子公社不远的一个山头，就发现了一处遗址。这里不仅离大队所在村子很远，就是距最近的自然屯也不近。此后的两天，在远离大队所在村的各个自然屯周围发现遗址的情况多次出现。于是我建议，可不限于大队，必要时可走到自然村。老辛和普查领导小组支持了我的想法。以后根据工作的进展，我们又及时强调：一定要走到自然屯。

我当时的想法是，宁可落下几个公社，也不能每个公社都跑得不彻底。好在队员们都很努力，到普查结束时，全县21个公社都跑了一遍，至于是不是每个自然屯都跑到了，没有把握。

调查范围扩大了，工作难度也增加了。困难不仅有业务上的，还有生活上的。学员们每天要徒步走几十里路，吃饭是到各家各户吃派饭，晚上常常住在大队部。那年“四人帮”已被打倒，拨乱反正已开始，但辽宁前几年是极左路线的重灾区，朝阳又是“学朝农”的发源地，搞假大空，割资本主义尾巴分外积极，一般农家被剥夺得很苦，家里没有什么贮备。联产承包制当时已开始在全国推行，但辽宁还迟迟未动，社员们还在挣工分。一天三顿饭，几乎是千篇一律又硬又涩的“晋杂五”高粱米，菜就是葱蘸酱。老乡们想招待我们一下，也是无能为力，偶然能碰上一顿小米干饭或熬白菜，那就是改善伙食了。这些对于城里来的大部分都是二三十岁的年轻人来说，真有点受不了。个别学员有提前回家的。有的学员也想到一些克服困难的窍门。

记得我们在喀左南部几个公社调查时，每天中午11点到1点，正好有锦州到叶柏寿的火车经过那一带，那是一趟特慢车，不仅逢站必停，还在一些不设站的叫作“乘降所”的地点停车，这给我们这些“游击队”随时上车提供了许多方便。于是每天接近中午，大家就到铁路附近一带调查，卡准时刻表，时间一到，就赶到火车站，从这一站或“乘降所”上车，正好赶上火车上餐车营业，于是在餐车饱餐一顿，有肉有大米饭，也就四五角钱，然后在下面的站或“乘降所”下车，再继续调查，并不耽误事。

不过，我作为队长，还是尽量从业务上激发大家的兴趣。

试点过后，我提出了普查的几个重点，红山文化被列为重点中的重点。我举着刚采集到的彩陶片向大家介绍：包括朝阳地区在内的辽宁西部号称是红山文化分布区，但到20世纪70年代初，红山文化遗址在朝阳地区还是凤毛麟角。见于文献的，只有20世纪40年代日本人调查的零星记录，总数量不过五六处。号称文物大县的喀左县，就连一处明确的红山文化遗址也说不清。

其实，当时我心里还存有一些关于红山文化的疑点，没有说出来，因为学员们毕竟还是新手。这些疑点主要是，当时已掌握的红山文化线索，有许多以前从来没有接触过的史前文化的东西。其中最为不解的，是在喀左县一个叫瓦房的地方和阜新县胡头沟，都遇到了一种没有底部的筒形器，形制和出土情况都极为特殊。

第一次遇到这种无底筒形器是在瓦房。那是1973年发掘鸽子洞旧石器洞穴遗址时发现的。这个洞穴遗址位于大凌河西岸陡峭的悬崖上。为了了解古人类活动的环境，大家顺便到洞顶和悬崖以上进行调查。这是一个平整的高岗地，黄土堆积较厚，地表散布有不少石灰岩质的白色石片，偶然可捡到陶片，运气好时，还能捡到彩陶片。

当时在喀左县以至辽西地区，能在野外看到红山文化彩陶片，是

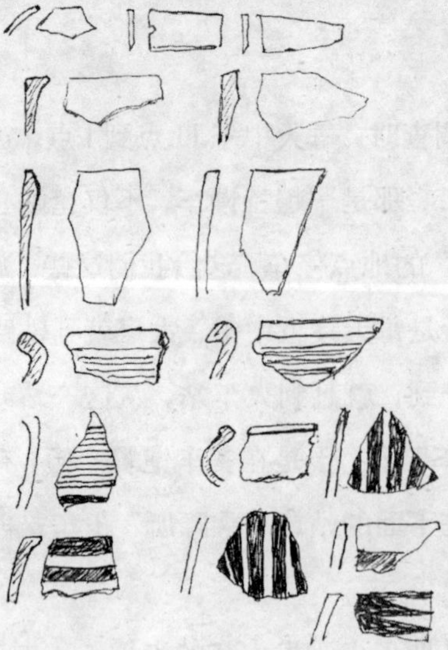

1973年春在喀左瓦房红山文化遗址调察时所绘陶片

原来被当作口沿部分的陶片,在当年夏胡头沟墓地发现同类器物后才知其为筒形器的底缘。

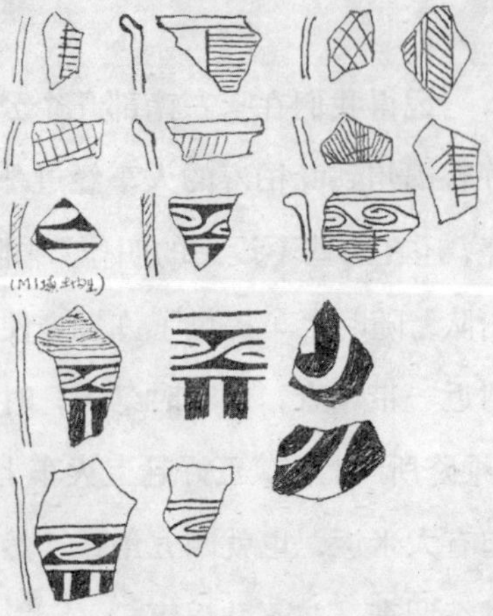

1973年夏于胡头沟墓地现场草绘的胡头沟文化积石冢筒形器陶片

极少有的机会，一时视为珍奇之物，于是大家争相捡拾。这些陶片，一律都是泥质红陶，胎质较粗，陶壁较厚，有的外表绘有黑彩，可以肯定属于红山文化。陶片的形制都很单一，大多是平直的腹片。奇怪的是，陶器的口沿特多，口沿的种类也不少：一种是圆唇或卷唇，较为常见；另一种近似于方唇，却有一个“倒钩”，很像是做成陶胎烧制前被切削的样子，这在以前的红山文化中尚未发现过。更为奇怪的是：一件器底都未发现。有的陶片已经到了底边，但却只显露出一道做陶胎时的抹痕，而完全不见底部或底部残破的痕迹。瓦房遗址从平整的地面看，似是居住址，但暴露出一具人骨，当时我们还没有敢往墓地上想，那有点过于奢望了。因为当时红山文化墓地一直还没有明确发现。

就在当年，在阜新县胡头沟也发现了同样的陶片。不过，胡头沟发现的这些陶器都较为完整，而且有原始出土状态。发现时，共有10多件，它们并排直立，被压在一堵石墙底下，形制与瓦房所见完全相同，那种边缘似切削的样子，原来并不是器口，而是器物的底缘，是有意做出的。可以明确，这是一种没有底部的筒形陶器。当然，胡头沟还出了玉器、墓葬、石圈，它们之间都是什么关系，是不是一个时代的，这些问题都被带到这次普查里来了。

我如此强调红山文化在这次普查中的重要地位，并不只是兴趣所致。除了这些难点希望能在这次普查中有所解决以外，还有当时全国考古发展形势的趋使。

从20世纪70年代文物考古工作重新恢复以来，史前考古在中原

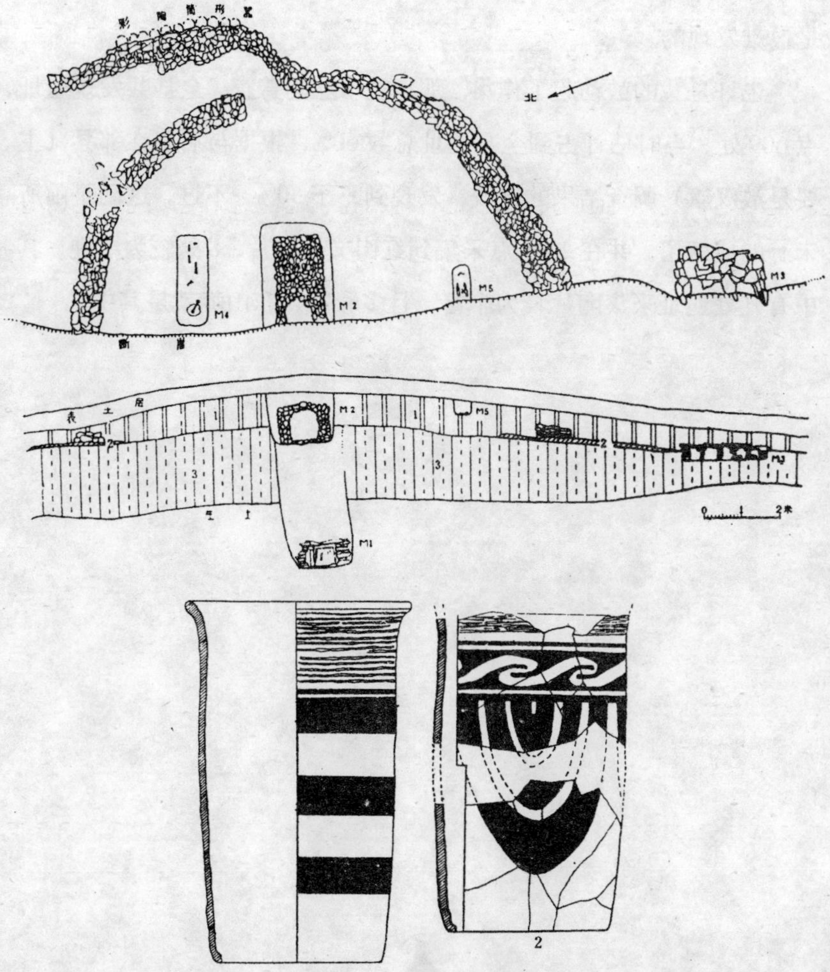

胡头沟发现的筒形器

共10件，并排直立，被压在一堵石墙底下。可以明确，这是一种没有底部的筒形陶器。

和长江流域发展迅速，特别是提出了前仰韶文化等新课题。就是新石器时代遗址甚少的辽东地区，随着沈阳新乐遗址和大连长海小珠山遗址的发掘，也建立起比较系统的年代序列。惟独辽西地区，仍显得沉默。当时新发现的材料，如河南的裴里岗，河北的磁山及辽东诸遗址，都出土了饰压印“之”字纹陶器、石磨盘和石磨棒等文化因素，而这些正是辽西地区史前文化的主要特点。南、东夹攻之势，迫切要求在辽西地区尽快拿出材料来，才能连成一片，相互比较，而且红山文化遗址又不像夏家店下层文化遗址那样容易发现，在调查中不特别留意，是很难发现的。

也许是我的鼓动起了作用。那年在喀左的普查，全县共发现遗址点609处。当时估计占到全县遗址总数60%，根据与后来在邻县（主要是敖汉旗）调查结果的比较，发现到不了50%。不过，这已是前所未有的成就了。共在24个点采集到红山文化陶片，8处较为单纯。其中有几处遗址采集陶片较为丰富，且多彩陶，东山嘴就是其中之一。

等了三十年的新发现

普查后期，安排一段时间试掘，以便对一些重点遗址有更多了解，也是希望发掘到一些精彩的考古资料，使全年的工作有个满意的结尾。对这样的安排，我当然是积极拥护的，因为可以趁此机会了解一下已发现的红山文化遗址的详细情况。

东山嘴遗址的发掘是辽宁境内对红山文化遗址进行的第一次正式发掘，收获却出人意料。这处坐落在大凌河畔高岗上的遗址与一般居住址有很大差异。

东山嘴自然在首选之列，还选择了另外一处——草场公社南沟门遗址。南沟门遗址文化堆积很厚，取得材料比较有把握。我们先将大部分人马集中在南沟门，那里发现了从红山文化、小河沿文化、夏家店下层文化、魏营子文化、曲刃青铜短剑文化到战国时期的文化层。虽然也有一些重要发现，如春秋时期出不同类型青铜短剑和共存陶器的墓群，但地层比较复杂，很难取得系统资料或有大的突破。于是，决定先调部分人员开辟东山嘴工地。

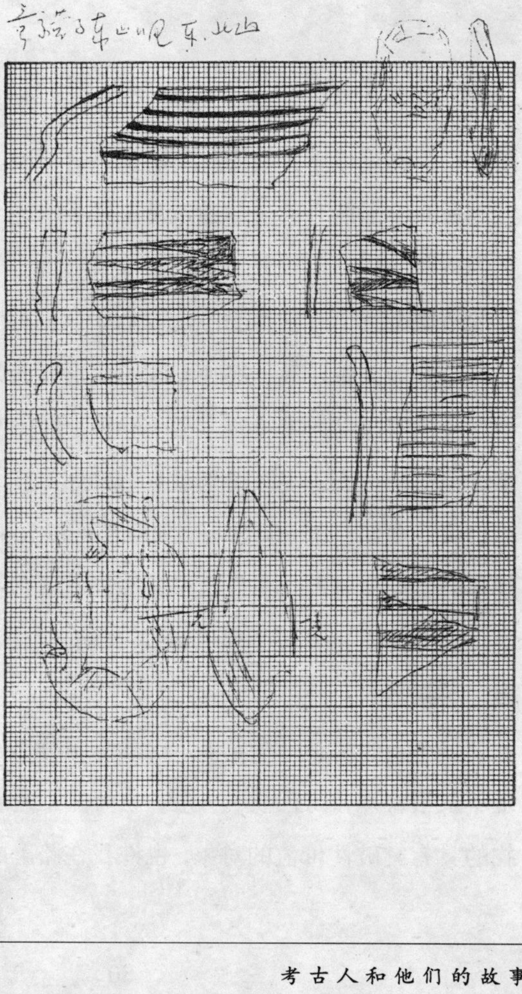

喀左县文物普查时初识东山嘴遗址陶器。

东山嘴是兴隆庄章京营子大队的一个自然村，在南沟门遗址以北20多公里，中间隔一条大凌河。那段时间，我需要两头照顾。或骑自行车，或坐公共汽车，更多的是徒步走。那年，辽西地区是难得一遇的风调雨顺，进入秋季，田野里一片丰收景象，我在往返于两个遗址之间的路上，一边沐浴着阵阵凉风，观察大凌河畔在金秋景色和硕壮庄稼衬托下的地理形势，一边思考眼下瞬息万变的发掘工地和今后的打算，有时也不免在憧憬有新的重大考古发现的突然出现。

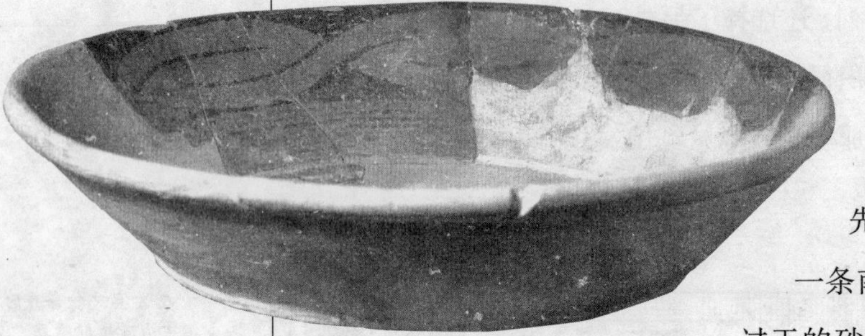

东山嘴遗址出土的内外绘彩的红陶折腹盆

巧的是，东山嘴遗址刚一开工动土，真的就发现了一些奇特现象。先是在遗址的北部，揭露出一条南北走向的石墙，是用加过工的砂岩或石灰岩石块砌筑的，向外一侧砌筑得十分整齐。石墙虽只有一层，却延长达七八米，这是当时所知中国所有的史前遗址从来都没有遇到过的。而且石墙内外出土的陶器，也有不少是以前红山文化遗址没有见过或少见的新器类，有的造型奇特，有的用途不清，后来我们称它们为“特异性陶器”。

这些陶器中，除了那种无底的筒形器占大宗以外，还有内外壁满绘彩画的彩陶盆、带流罐、黑陶器等。红山文化常见的陶钵碗、“之”字纹筒形罐反而不见。特别是有一件瓶形器，口小，口形如仰韶文化小口尖底瓶的口部，颈部以下到腹部可以分出几个层次，有如塔形，下部还有方形的镂孔，而且也未见底部，只有表面装饰的锥刺纹在红山文化和仰韶文化半坡类型见到过，具有时代特点。总体看来，它更像是一种祭器。

塔式镂孔陶瓶形器底已残，镂孔部分绘有黑彩。此器无论是造型或装饰，都极为奇特，是一件典型的祭器。

一个石头墙，一个祭器，这意味着什么？我隐约感觉到，这个遗址不仅很特殊，而且很不一般，它可能正是我们在辽西地区多年要寻找的具有突破性价值的对象，也许我在路上的憧憬有实现的可能？当时，天已渐渐冷起来了，距离普查全部结束的时间也日渐临近，学员们有的已在做回家的准备。事不宜迟，于是马上布置，将南沟门遗址的工作收尾，全部人马集中东山嘴。

东山嘴遗址面积并不大，中心区南北不到60米，东西不过40米，发掘人员增多了，遗址全部都布了探方。凑巧的是，虽然继续扩大发掘面积，但整个遗址并不见任何晚期地层叠压，时代很单纯，发掘的速度也可以加快些。于是，不几天，遗址就被全面揭开，一片全新的史前时期的石头建筑遗迹展现在大家面前。

东山嘴遗址石墙初现。

原来，这些石砌建筑并不是只有一个单元的建筑址，而是一个建筑组合。我们把它分为中心部分、两翼部分和前端部分。中心部分偏于遗址的北部，是一个近于方形的建筑址，东西长11.8米，南北宽9.5米，石墙不只一层，有的是仍保存着三四层石头的石墙。在方形建筑址内的靠南一侧，还有一片立石。两翼部分指的是方形建筑址以外的东西两侧，又各保留有一段石墙，分别距离方形建筑的东西墙各6米，显示出以方形建筑址为中心，东西是对称的。尤其是在这个方形台址的南部15米处，揭露出一个圆形台址，这就是建筑址的前端部分。这个圆形台址虽然只有2米多的直径，规模很小，但四边用石片砌筑，

东山嘴遗址全景

近于正圆形，台面上铺了一层大小均匀的小河卵石，显然，这就是一个圆形的坛。圆坛的位置在方形台址的正南方向，它们之间形成了一条南北的中轴线。看来整个遗址的石砌建筑，有北方南圆、东西对称的规律，这不仅同已知同时期的仰韶文化向心式的房屋布局完全不同，

而且还有点中国古代传统建筑的布局特点，可这是五千年前的原始社会，中国传统建筑布局怎么一下子提前了几千年，有许多问题真的是要重新思考。

台址附近出土了不少小型陶杯。这些小陶杯，很近似于现代的小酒杯，只是底部还安了 3 个短短的实足。它们大多数制作精细，有的还是磨光的黑陶质。联系此前出现的那件塔形器和其他特异型陶器，就更增加了这个遗址的祭祀性色彩。方形台址附近还发现了两件小型玉器：一是绿松石片做的鸟形饰件，另一件是璜形玉器，璜的两端刻画的图案居然像是龙头。

不等我仔细思考，又有重要文物出土。最引人注目的，是人体陶塑像。

先是在圆形坛址的东部一侧，同时出土了两件较大的残块。一块是人体上部，为双臂交叉于腹前，左手握右手腕；另一块是人体下部，是正盘坐式，左腿盘于右腿之上。从比例看，这两块大致都相当于真人的三分之一，应是属于一个个体的。它们都塑造得十分逼真细腻，不仅手臂、腿脚的各个部位比例准确，而且攥拳、握腕、盘膝等动作，都显得自然流畅，很有动感。这与我们以前所知道的中国史前时期人物

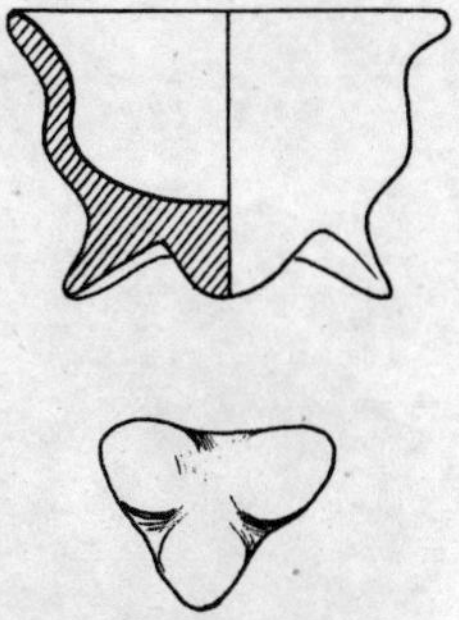

东山嘴遗址出土的小陶杯（线图）

东山嘴遗址方形台址附近出土的绿松石鸟形饰和玉璜

璜的两端刻画的居然像是龙头。

东山嘴圆形坛址东部一侧出土的人体上部和下部陶塑像残件

塑像那种原始笨拙的形象相比，完全是两种作风，塑造技法自然要进步得多。但它们出土的地层是明确的，又都为红泥陶质，底部还印有清楚的席纹，这些都是红山文化的特点，时代是没有问题的。

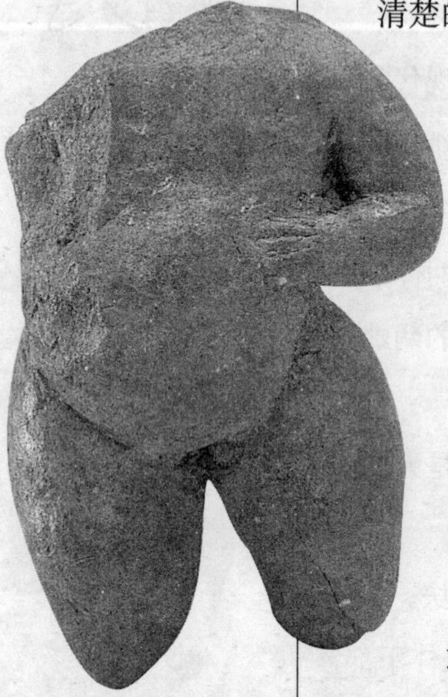

东山嘴遗址出土的妇女小雕像是考古界等了30年的新发现。

雕像为红陶质，高约5.8厘米，似站立状。头部残缺，左手臂抚于胸前，腹部圆鼓，具孕妇特征。

孕妇小雕像在欧亚大陆的旧石器时代晚期到新石器时代出土很多，一般被视作母系氏族社会的象征物。

这时，遗址已发掘到文化层出东西最多的部位，两个人物塑件的出土，预示着可能会有更多的重要发现露头。我在一次照相课后提醒学员们发掘要更仔细些，特别提到要留意有没有“妇女小雕像”出现。因为我在学校时，笔译过苏联考古学家T.C.帕谢克的《特列波里文化分期》一书，对史前时期的妇女小雕像，有较深刻的印象。

没想到话音刚落，刚从工地归来的公社文化站长小周手里拿着一个刚发掘出来的塑件，这正是一件“妇女小雕像”。这件陶塑小雕像为红陶质，高只有5.8厘米，似站立状，头部残缺，左手臂抚于胸前，腹部圆鼓，具孕妇特征。隔天，又有一件陶塑小雕像出土，这一件也为红陶质，高5厘米，较前一件稍小，但表面打磨光滑，制作更为精细，腹部圆鼓更为明显，而且臀部也鼓起，大腿部较粗，孕妇特点更加突出。

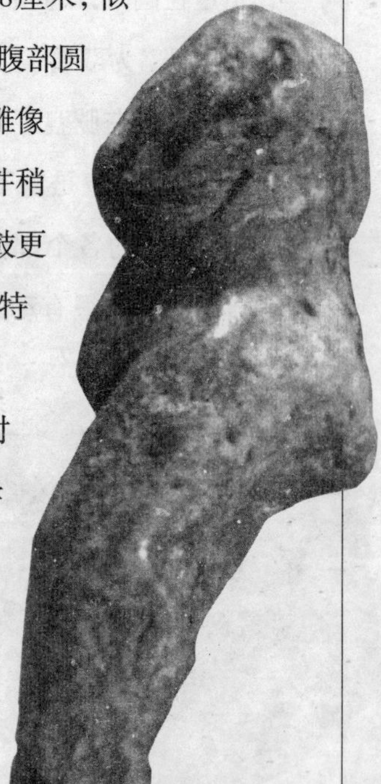

妇女小雕像侧面

提起孕妇小雕像，在欧亚大陆的旧石器时代晚期到新石器时代出土很多，一般被视作母系氏族社会的象征物。东山嘴遗址包含了如此复杂的文化现象，还能用母系氏族社会去衡量它吗？这是我在现场反复思考的一个问题。

我多次站在遗址南端，遥望大凌河和河对岸的大山。东山嘴遗址位于南大凌河西岸东山嘴村北的一个山梁上，高出河床50余

东山嘴遗址鸟瞰
东山嘴遗址面积并不大，中心区南北不到60米，东西不过40米，是一处距今5000年的史前时期的石头建筑遗址群。

整个遗址的石砌建筑，北方南圆，东西对称，不同于已知同时期的仰韶文化向心式的房屋布局，而具有中国古代传统建筑的布局特点。中国传统建筑布局一下子提前了几千年。有许多问题真的需要重新思考。

米。山梁为长弧形，环抱着东山嘴村的东、西、北三面，山梁的正中为一缓平突出的台地，遗址就占据了台地向南伸展的前端部分，四周为开阔的平川地带，一望无际。遗址的东南方向，隔宽阔的大凌河川，正对一座名叫马架子山的大山和山口，遗址选择的地形独特而壮观。红山人选择这样一块地方，营造这样一组左右对称、南圆北方、有中轴线布局的石头建筑，他们的思维观念肯定已不是原始氏族社会所能容纳的了。遗址所出特异型陶器、各种陶塑像都是与祭祀有关的，而且在东山嘴遗址已有龙的形象出现，我们在这里捕捉到的，分明是文明的信息！于是，在这年年底普查总结汇报会上，我试探性地提出了东山嘴遗址的发现与史前祭祀和文明起源的关系，这也是我第一次将红山文化与文明起源联系起来思考问题。

这一发现惊动了北京，也惊动了正在考虑如何从北方寻找中国古史突破口的苏秉琦先生。在1982年河北蔚县西合营工地现场会上，我介绍了刚刚发掘完的东山嘴遗址的情况。苏先生马上意识到这是找到了“三岔口”（桑干河上游为中原、内蒙古岱海与辽西三支古文化交汇处，苏先生称之为“三岔口”）背后的结果，当场决定，明年到东山嘴实地考察并在朝阳开会。

1983年7月20日，北京来的19位专家在苏秉琦先生率领下来到东山嘴遗址现场。在座谈中大家一致认为，这是全国首次发现的一处史前祭祀遗址。

俞伟超先生的发言语出惊人。他说：

> 留学生们经常问起，世界各地的史前文化到青铜文化，到处都有妇女小雕像发现，为什么中国没有？有了这两天的见闻，才

1983年8月初，俞伟超先生在朝阳考古座谈会上发言。

知道大家终于找到了一种“全国考古界等了三十多年才被发现的重要材料”。这就是一些新石器时代的妇女陶塑像以及同这种塑像有关的一片祭祀遗迹。

苏先生则将这一发现直接与中国文明起源相联系。会前他就谈到，四五千年有分量的材料，从全国看，能拿得出来的为数不多，东山嘴是一个，这比大汶口文化的文字更能说明问题，对研究燕山南北长城地带古文化，具有“里程碑”的意义。在喀左会上，他鼓励我们在喀左、凌源、建平三县交界处下更大工夫，并称这三县交界地带为“金三角”。当时牛河梁遗址已在普查中发现，地点正在凌源与建平两县交界处。会后不久，我们就打道牛河梁，几天内就发现了积石冢和女神庙这两大类型的遗迹，以后还找到了祭坛。辽西考古从此进入了一个新阶段。也就是从这时起，我对辽西地区古文化的研究重点，也由商周青铜器和夏家店下层文化，转到红山文化上来。

东山嘴遗址的发现惊动了北京，也惊动了正在考虑如何从北方寻找中国古史突破口的苏秉琦先生。1983年7月，北京来的专家在苏秉琦先生率领下来到东山嘴遗址现场考察。

好玉多磨

红山文化玉雕龙的发现，使得龙的起源、辽河流域出现原始文明、中华文明起源等关系中国史前考古和上古史的一系列重大课题被提了出来。

都说考古发现有很大偶然性，其实偶然中总蕴含着必然。东山嘴遗址是如此，牛河梁遗址更是如此。

谈起牛河梁遗址的发现，还要从寻找红山文化玉器的出土地谈起。

红山文化玉器早有发现，从20世纪初起，就在海内外一些收藏家和著名博物馆中有所收藏，不过，都将其年代定得过晚。

其实，红山文化玉器的特点很容易掌握：斜口的筒形玉器（箍），板状的勾云形玉件（佩），近于玦形的玉雕龙，造型和刻纹都极具特色。所以，当我们将红山文化玉器研究的最初成果于1984年公布后不久，海内外各博物馆很快就公布了他们旧藏的红山文化玉器。甚至流传到夏家店下层文化、殷墟妇好墓、琉璃河西周燕国墓中的红山文化玉器，也轻而易举地被辨别出来，并迅速取得共识。一些古代玉器因为显示出某些红山文化的特点，也被归入红山文化范畴，似乎都要从红山文化得到一点光环。

为什么红山文化玉器经近百年时间未被辨认出来，而一旦被我们识别，就如此一发不可收拾呢？我们在寻找辨别红山文化玉器的漫长过程中对此有深刻体会。

胡头沟墓地 地点在阜新县最西边牤牛河的东岸。就是在这样一个十分偏远的地方，却出土了前所未见的玉璧、玉珠、勾云形玉佩、玉龟、玉鸟、玉棒等精美古玉器。

那是一段很特殊的学术经历。

我最早接触到这类玉器，是1973年在胡头沟。那一年春季，阜新市新成立的文物组刘葆华同志前来报告，说在阜新县发现一批玉器，出土地在化石戈乡胡头沟村。

这是一个十分偏远的地方。地点在阜新县最西边牤牛河的东岸，隔河就是朝阳市的北票县。从公社到村里，没有正式的路，一下雨就不通车。先去的徐秉琨等几位，刚进发掘点没有油做烧菜的锅底，是赶着毛驴趟水过牤牛河从河对岸的北票县四合城村供销点买回两瓶罐头才算开了伙。可就是在这样一个十分偏远的地方，却出土了前所未见的玉璧、玉珠、勾云形玉佩、玉龟、玉鸟、玉棒等精美的古玉器。我是参加完北洞铜器奖励会后赶到这里来参加发掘的。

玉龟

出土地在牤牛河东岸的一座黄土山岗上。经河水多年冲刷，这个土岗已被冲毁近半，形成黄土断崖。在岗顶下断崖深4米多处，露出一座石棺墓。玉器就是当地群众从石棺中掏出来的。从断崖上观察，在玉器墓的上面，还挂着几座土坑墓，墓内出青铜短剑，时代为春秋时期。土坑墓里也有石棺，不过下面出玉器的石棺用的是石板，上面出青铜短剑的石棺用的是砾石，显然是不同时代的墓葬，下面的石棺时代自然应较春秋时代为早。

勾云形玉佩

玉龟

胡头沟玉器 这是辽西地区第一次发现有明确出土地点却不明时代的玉器。

为了多了解些情况，我们选择在岗顶进行了试掘。刚揭开地表，就显露出一道石墙，继续挖下去，石墙呈现环形走向，正好围绕在岗顶中央。石墙下压着一排陶筒形器。陶筒形器为泥质红陶，有黑彩。虽

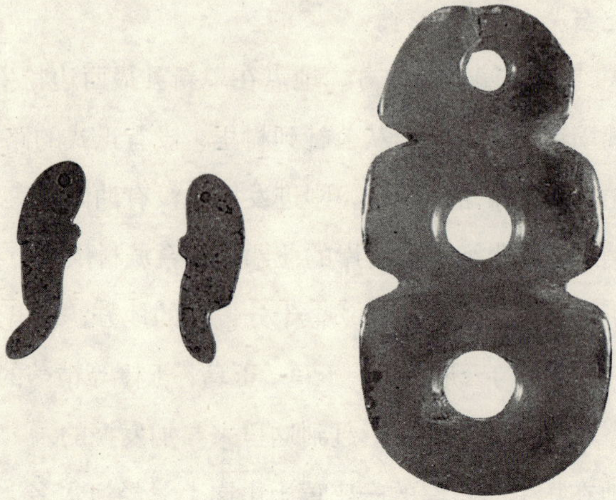

胡头沟玉器

然对这种无底筒形器的用途还不清楚，但可以肯定是属于红山文化的。石墙压在筒形器上面，石墙与筒形器是什么关系，石墙与断崖上的墓是什么关系，按一般遗址的打破和叠压的地层学原理，一时解释不清。尤其是下面石棺墓所出玉器，有龟，有鸟，在辽西，这样的玉器还是第一次见到，它们是什么时代的，一时也无法判断。于是在《阜新日报》刊登这次考古发现的消息时，暂将这批玉器的年代定为西周到春秋。虽然这次工作留下了不少疑问，但这是辽西地区第一次发现有明确出土地点却不明时代的玉器，这当然会引起大家的兴趣，我自然也不例外。

也许是特殊留意的缘故，此后连续几年都得到发现这类玉器的消息。玉器大多数出在赤峰市及所属各旗县。

先是当年秋天，我在赤峰参加配合沙通铁路的考古发掘，听翁牛特旗文化馆王志富馆长谈起他们馆收集到一件大玉龙。当时没有机会

到旗里观摩实物，回馆后听说下放到那里走“五七道路”的朱贵同志曾见到这件大玉龙，并写信给李文信先生反映情况，这更引起了我们的兴趣。

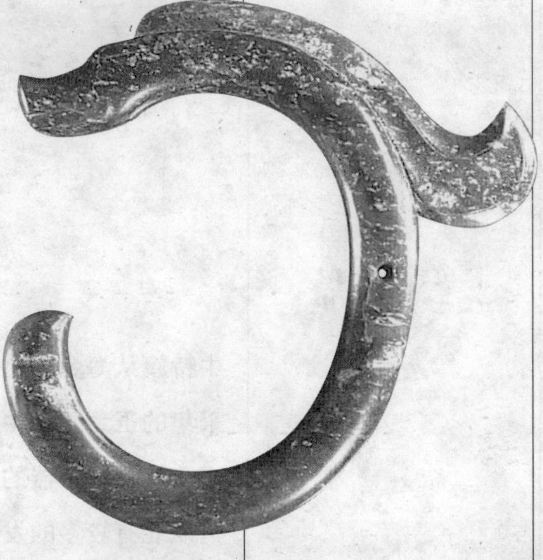

大玉龙为何出土在邻近内蒙古草原的三星他拉？它是当地文化的产物，还是有一段什么不寻常的遭遇，曲折展转，埋到这里的？

两年后的1975年7月3日，我和孙守道在翁牛特旗文化馆终于看到这件大玉龙。当工作人员从橱柜里将它拿出来时，我们不由为之一震，觉得这件玉龙大不寻常。大玉龙高达26厘米，墨绿色玉，长吻前伸，龙体内卷，长鬣飘举，体态雄健。从头部刻画简洁看，时代不会很晚。这种玉龙不仅辽西地区从未见过，据我们所知，中原等地所出古代玉器中还没有见到过类似造型，可能具有地方特点，遂暂将它的时代定为战国以前，并觉得它与商周时期青铜器花纹有些相近似的风格。

当时曾到出土现场的三星他拉调查，希望能发现一点与大玉龙有关的遗迹，最好有墓葬的迹象，但只发现附近散布有零星红山文化陶片和石器遗存。

三星他拉在翁牛特旗所在地的乌丹镇以北近20公里处，出土地现在是一片黄沙土带，古代的环境可能要好些，但这里已是蒙古高原。当时想到的是，为什么在这样一个接近蒙古大草原的地区，会出现这样一件精美绝伦、大不寻常的大玉龙呢？它是当地文化的吗？或者它有一段什么不寻常的遭遇，曲折辗转，埋到这里的？当时并没有将它与当地的史前文化产生联想。

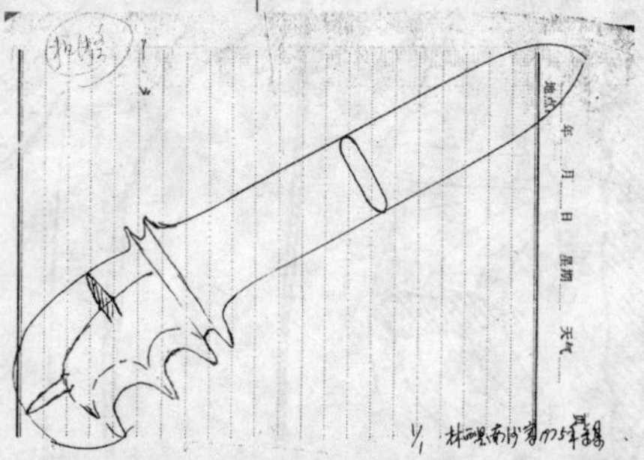

1976年6月在林西县文化馆草绘的县南郊收集的玉戈形器

1975年这一年，又在赤峰几个旗县连续见到从当地收集到的玉器。有昭盟文物站由乌丹收购的玉佩，翁

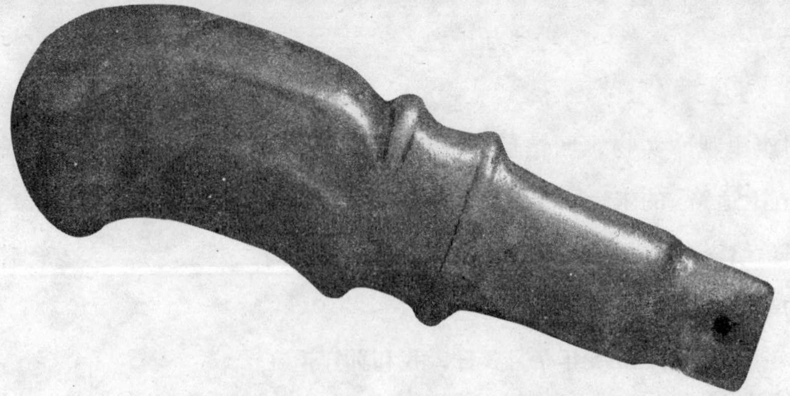

辽宁省文物商店在辽西收集的玉勾形器

牛特旗从海金山遗址采集的玉牌，林西文化馆从城南郊锅撑子山遗址采集的玉戈，翁牛特旗从巴林右旗收集的玉雕龙。

从这些玉器的出土地点看，还有向北移的趋势，而且在西拉木伦河以北有较多的发现，但仍然不知道把它们放在那个时代合适。因为这一带春秋以前的地方文化已可大致排出年代序列，但似乎都与玉器的特征不合。把玉器放在战国时代以后，又觉得它们不可能那么晚。当时只有克什克腾旗文化馆好鲁库农场出土的一批玉器与大批细石器共出，时代可能要早到史前时期。但好鲁库这批玉器大都为玉凿、玉斧一类玉工具，装饰品类只有玉环，并不能解决那批形制特殊的玉器的年代。

这时，大甸子墓地的发掘已经开始。1976和1977两个年度，在大甸子墓地连续发现玉器，种类居然也有马蹄形玉箍和勾云形玉佩。辽西地区这些玉器是属于夏家店下层文化的吗？一时更使人理不出头绪，

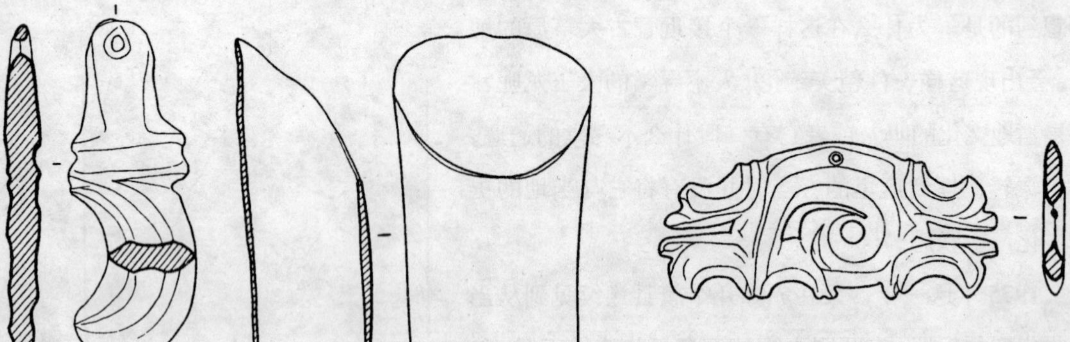

玉勾形器　斜口筒形玉器　勾云形玉器

大甸子出土的红山式玉器

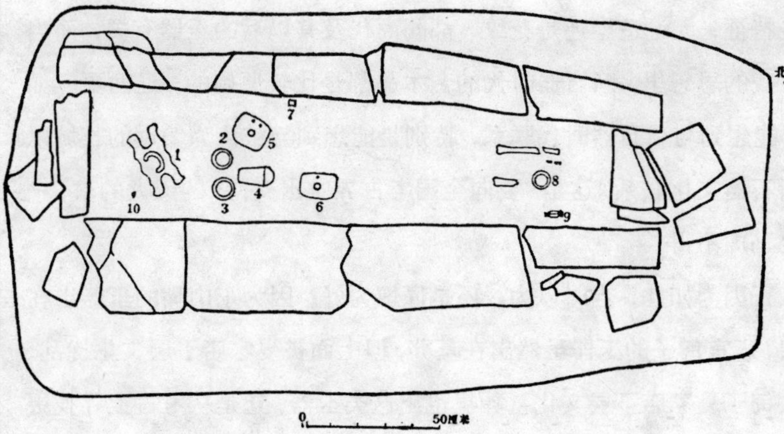

真是“剪不断，理还乱”。不过，有一点已可确定，这类玉器都出在辽西地区。分布范围比已知的诸考古文化要广，时代也肯定不会晚。

转机是在1979年。当年秋天在东山嘴发掘出一件绿松石鸟和一件龙首玉璜的同时，在三官甸子一座墓（第2号墓）中也出了9件玉器，其中的勾云形玉佩、方圆形玉璧、玉鸟都与胡头沟墓的种类完全相同，马蹄状玉箍也在赤峰地区见过。由于这处遗址的红山文化层上叠压有夏家店下层文化遗存，夏家店下层文化又大量利用了红山文化的积石，还有夏家店下层文化陶片混到红山文化层中。尽管墓葬本身比较单一，但大家面对如此进步的玉器和复杂的地层关系，仍然议论纷纷。孙守道先生对近年连续出土的这类玉器早已留意在心，在考察胡头沟遗址时，就曾注意到石头圈与压在下面的红山文化陶筒形器排列的走向是一致的，而出玉器的墓正在这个圆圈的中心部位，从而开始将玉器墓、石圈与陶筒形器联系起来思考问题。这次在三官甸子城子山墓葬发现的现场，他似乎已有定论，于是首先提出，这座墓能不能是红山文化的？老孙的这句话像是捅破了一层窗户纸，于是大家开始将其与红山文化发生联想。

这是一个很大的转变，这一转变很不容易，因为这些玉器有太多

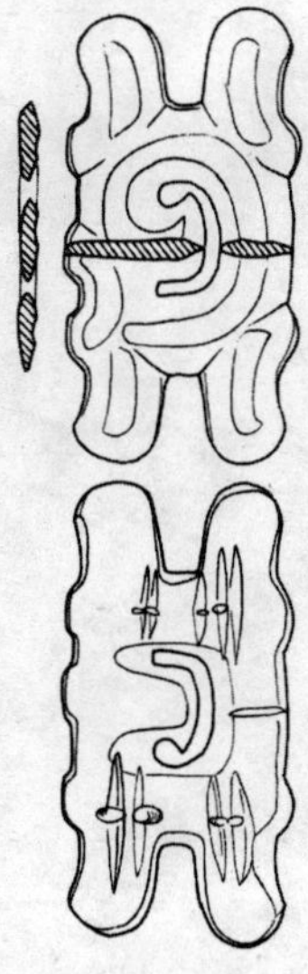

勾云形玉器

斜口筒形玉器

三官甸子红山文化墓地（后编为牛河梁遗址第十六地点）第2号墓平面图及部分出土玉器

进步特征，无论造型还是花纹，都同商代及其以后的玉器有关，而当时在我的思想里，新石器时代的艺术品都是比较原始的，辽西更应如此，能想到与新石器时代联系，特别是能想到与被认为偏远的长城以北新石器文化联系，这是“要向全国考古界做出交待”的天大的事，一点也马虎不得。

正因为如此，当时以为，还是谨慎为好。因为东山嘴的玉器出在地层，三官甸子的玉器虽然出在墓葬，但上面被夏家店下层文化扰乱，而大甸子夏家店下层文化墓葬里也出这类玉器，还是从考古上寻找更确切的证据为妥。不过这时眼光已瞄准红山文化，要在红山文化遗址里寻找这类玉器更为明确的出土关系。

目标集中了，速度也加快了。

1981年，辽宁省文物普查继续进行，那年安排普查的地区有建平县，我是业务负责人。建平是朝阳市面积最大的县，南部是大凌河流域，北部已进入西辽河的老哈河流域。这个县不仅遗址点多，而且地理位置重要，理应下更多的力量进行普查。但在普查开始时，却出了点过节。因为这点过节与牛河梁遗址的发现有直接关系，有必要写出来。

前几年建平县的有关部门发现，古遗址主要是夏家店下层文化遗址的堆积土中，含钾的成分高，当地叫它“磷灰土”，而当时农田由于长期少施肥甚至不施肥已甚为贫瘠，于是县里竟号召各公社都去挖古遗址积肥，致使大批古遗址在这种有组织的乱挖下迅速遭到破坏。我们曾将此事上报，并在《辽宁日报》上发过点名批评的消息。为此，在文物工作上与县里多少有些不够协调。这次在建平县搞普查，多主张不必大张旗鼓，悄悄下去调查算了。时任朝阳市文化局局长的宫殿东同志，是位有工作经验的老干部，他对此不以为然，认为既然建平县的文物普查如此重要，就一定要按部就班地进行。为此，他亲自到县坐镇指挥，并让县文化局立即通知全县32个公社文化站长集中到县城进行普查前的培训。

没想到，这次培训班的举办，为牛河梁的发现提供了机会。我在讲课时，再一次强调了发现红山文化遗址的重要性，特别是强调了寻找红山文化玉器出土地点的重要性。课间休息时，富山乡文化站长赵文彦前来反映情况，说附近马家沟老乡家藏有玉器，是一个“玉笔筒”。当时我的感直觉是，红山文化玉器更可信的考古证据可能要露头了，这个线索必须抓住不放。

第二天培训班刚一结束，我就同县文物干部李殿福和老赵一起借了自行车赶到马家沟。马家沟在县城以西15公里处。收藏玉器的是一位名叫马龙图的生产队长。一进他家，就看到柜面上立着一个玉筒状器，里面真的插了几支笔。这哪是什么笔筒？正是我们要找的红山文化玉器中最重要的一类——马蹄状玉箍。

顺藤摸瓜，找到了出土玉器的地点，是在建平与凌源两县交界处的一座山岗上。地表散布不少红山文化的泥质红陶和彩陶片，大多数都是与胡头沟、东山嘴相同的筒形陶器，还有典型的红山文化石斧，未

在马家沟老乡家里见到的“玉笔筒”——牛河梁遗址第一件玉器

见其他时代遗物。我暗暗窃喜，这是一处单纯的红山文化遗址，决定就从这里下手解决问题。正好在一条沟边有当地群众起石头的地方，露出了人骨，遂做了简单的清理，居然清理出一座墓葬。墓为石棺，东西向，长2米，宽0.8米，人骨保存较为完好，单人仰身直肢葬，没有发现陶器等随葬品。十分幸运的是，在墓主人头顶部的左侧，置有一件玉环。玉环为白色，直径21.1厘米，体形较大，穿单孔，横断面呈三角形，与红山文化遗址常见的石环特征相同。我特别留意了这座石棺墓的地层关系，发现墓上面压有一层厚0.2～0.3米的深灰土层，灰土层内出彩陶筒形器残片。

看到这座墓葬的层位确凿，我心头上的一块石头总算落了地。这是第一次明确发现的红山文化墓葬，也是红山文化玉器的第一次正式发掘。那天是4月8日。这个地点后来编号为牛河梁第二地点。这座墓编为第一号冢第1号墓。

牛河梁遗址第二地点第一号冢第1号墓出土的玉环

第1号墓发掘现场

在牛河梁调查的两天里，我们又从老乡家里收集到两件玉器：一件是马蹄状玉箍，一件是双联玉璧。承包出红山文化玉器这块地的老大爷还说，他曾在种地时捡到过一件“万”字形玉器，因为过于零碎，就扔掉了。根据以后的发现，这件万字形玉器，多半是一件勾云形玉佩。几天后由建平回到朝阳，又从朝阳博物馆的库房里找到一件过去收集的白色玉雕龙，这就是以后经常见诸刊物上的那件大玉雕龙，说也出在建平县。

至此，玉器的时代确定了，材料也收集了不少，当时正值中国考

1982年初在敖汉文化馆草绘的在下洼收集的玉雕龙草图及照片

古学会要在杭州召开第二次年会，馆里要我和孙守道参加。我和老孙商定，就将这次红山文化玉器的初步发现和研究成果向杭州考古学会提交。这篇论文虽然以器物考证为主，辅以考古发现，但当时手头有东山嘴和牛河梁发现的初步材料，我们是胸有成竹的。

由于红山文化玉龙的确定，这篇文章自然引出许多新颖的观点。特别是从龙的起源引伸出文明起源。在这方面，我们注意到，这批玉器具有高度抽象化的特点，却在从大凌河流域到西拉木伦河流域的广大地区保持着很强的同一性。这种规范性现象，一定是有一个统一的思想在制约着人们，这应该就是“礼”的雏形。这些现象同东山嘴遗址的建筑址一样，都早已不是原始氏族社会所能拥有的了。于是在文章中明确提出了龙的起源与辽河流域的原始文明问题，并干脆将文章的题目就起名叫《论辽河流域的原始文明与龙的起源》。

一个龙的起源，一个文明起源，这是两个关系中国史前考古和上

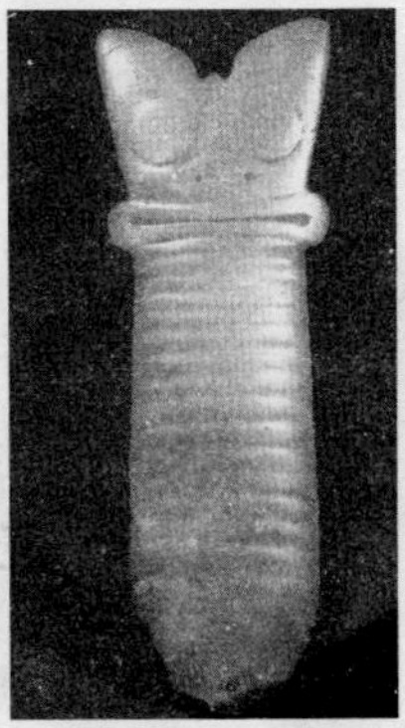

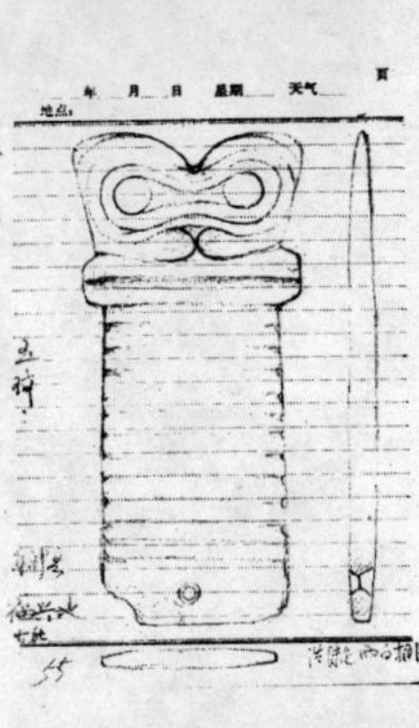

阜新县福兴地兽面玉璋形器照片及草图

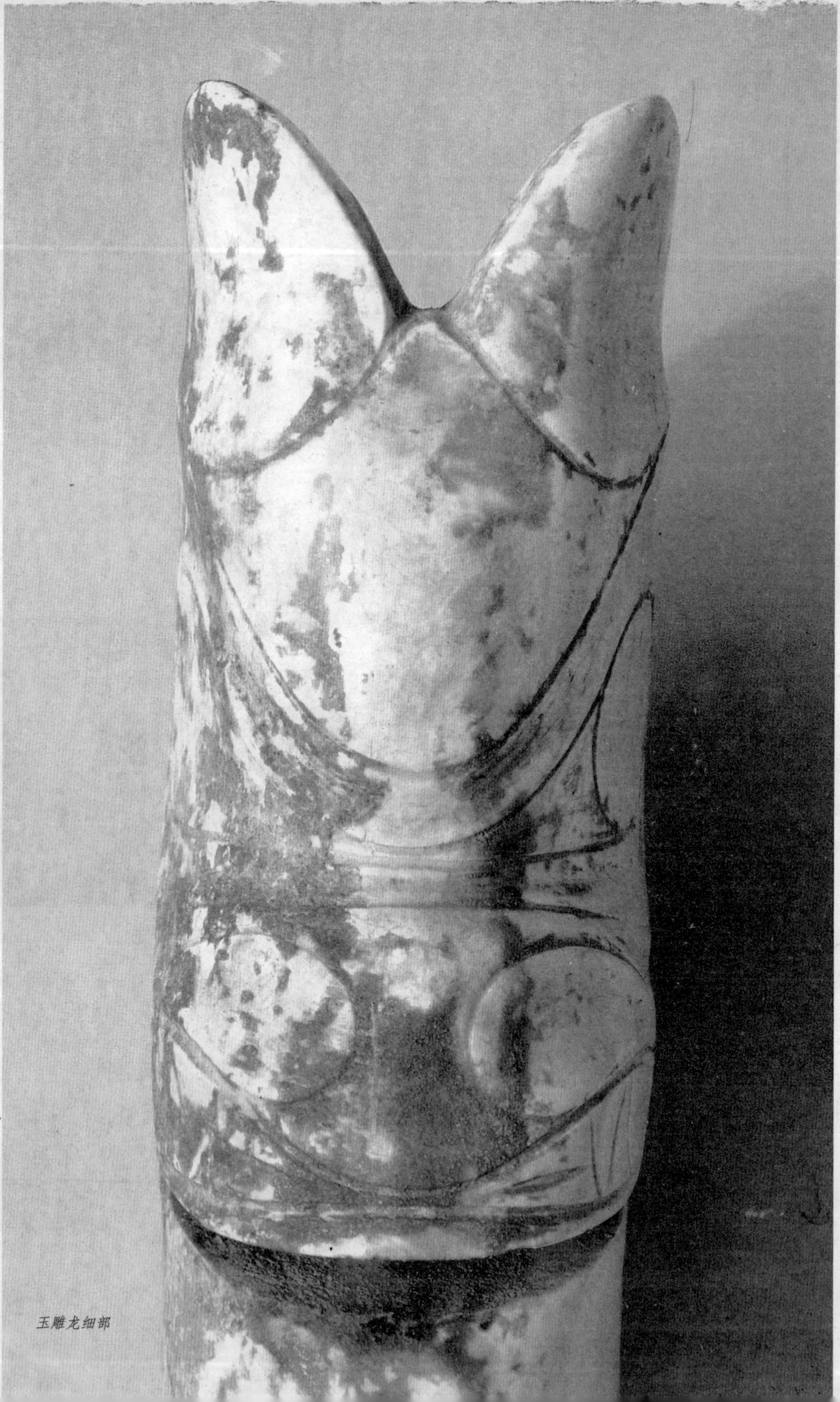

玉雕龙细部

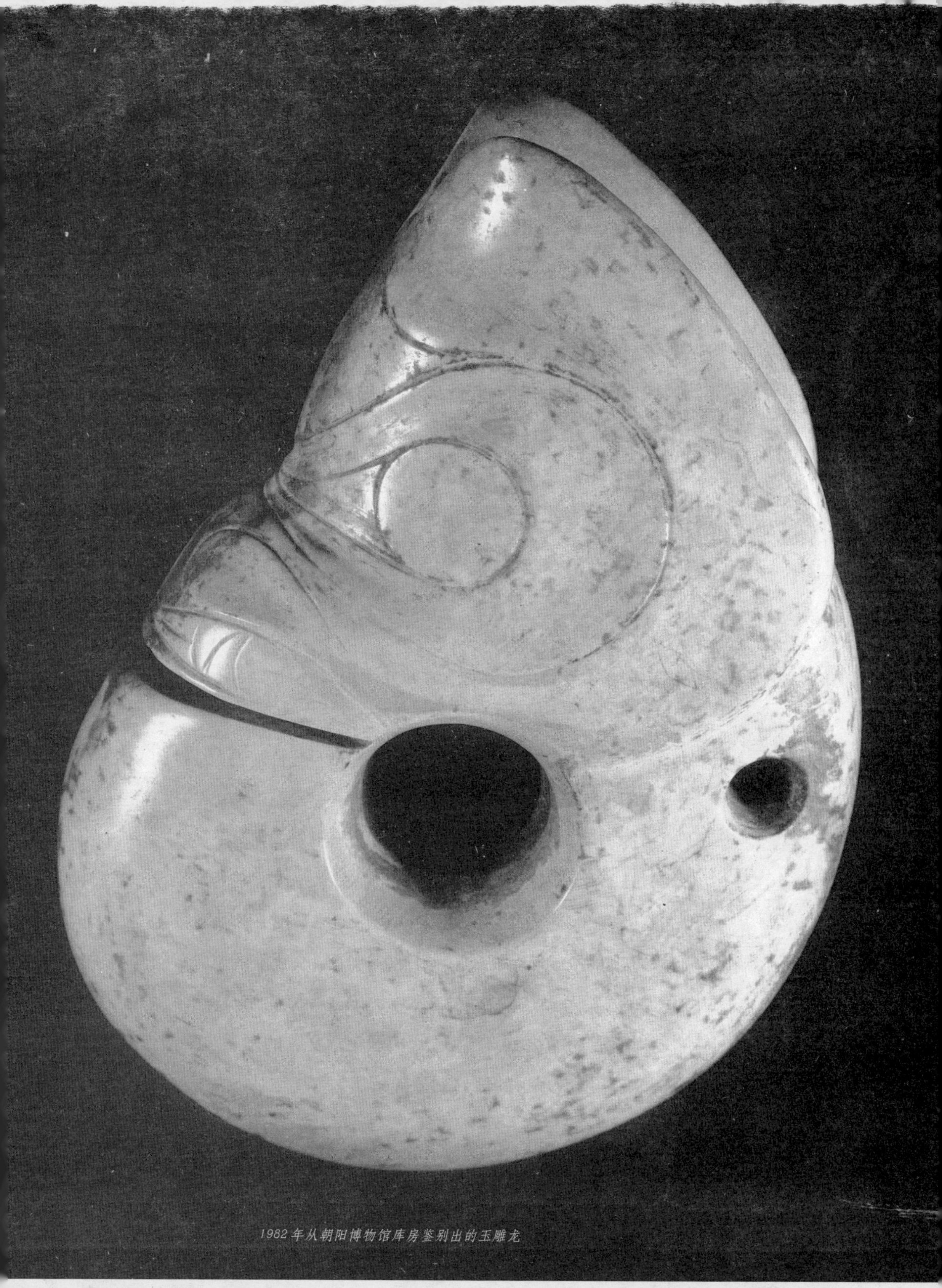

1982年从朝阳博物馆库房鉴别出的玉雕龙

古史的大课题，在当时，学术界对此还是十分敏感的，由地处偏远的山海关外的辽西一项考古发现去闯这个“禁区”，而且是以前很少有人碰过的5000年前的禁区深处，大家一时感到意外是完全可以理解的。虽然学会论文集没有将这篇文章收入，我们想还是把这批材料和研究成果尽快公布出去。于是将胡头沟和三星他拉玉龙的材料也整理出来，与提交学会的论文一并寄送《文物》杂志。因为不久后就有燕山南北长城地带学术会议的召开，从辽西的发现讨论文明起源，已渐有水到渠成之势，于是这篇文章终于在1984年第8期的《文物》上发表。当年8月，牛河梁遗址发掘正式开始，在第二地点发掘到一座墓葬，编为第4号墓，出土3件玉器，这次不是玉环一类，而是更为典型的两件玉雕龙和一件马蹄形玉箍，这次是这类玉器的第一次正式出土。于是，红山文化玉器终于“一锤定音”。

回顾这一段红山文化玉器的探索过程，从寻找出土地点，到确定出土关系，再到反复验证，时间并不很长，不过8年，却十分艰难。究其原因，我总结了两个方面：

一是红山文化玉器本身及其埋藏的一些特殊情况。红山文化墓葬一般不出陶器，尤其是出玉器的一些大中型墓，出陶器的机会更少。按通常的类型学一时很难判断墓葬及随葬玉器的年代。

二是积石冢的结构具有很大的特殊性。按通常的地层叠压或打破的判断标准，在石头与石头之间运用起来有时也不那么得心应手。同时，晚期墓出过同类玉器，如夏家店下层文化和商文化，很容易干扰思路。

然而，最重要的一点是，对中国史前文化的发展水平估计不足，对红山文化发展水平的估计就更加不足。尤其是对古人思维观念复杂程度的认识，可以说更是所知甚少。长期以来，对中国史前文化的认识，就是它们的原始和单一：使用效率不那么高的石器砍树刨土，住在阴暗的半地穴的房子里，制作粗糙简陋的艺术品，等等，而红山文化是被作为受仰韶文化影响的一支边远文化来对待的，应较中原史前文化更为原始，以致玉器明明已在红山文化地层里出土，也疑虑重重。原来固定的思维模式居然能左右田野考古的实践。

苏秉琦先生说，发现了不等于认识了。红山文化玉器的研究过程，再一次证明了这一认识规律的真谛所在。

牛河梁遗址第二地点第4号墓发掘现场

红山文化玉器终于"一锤定音"。

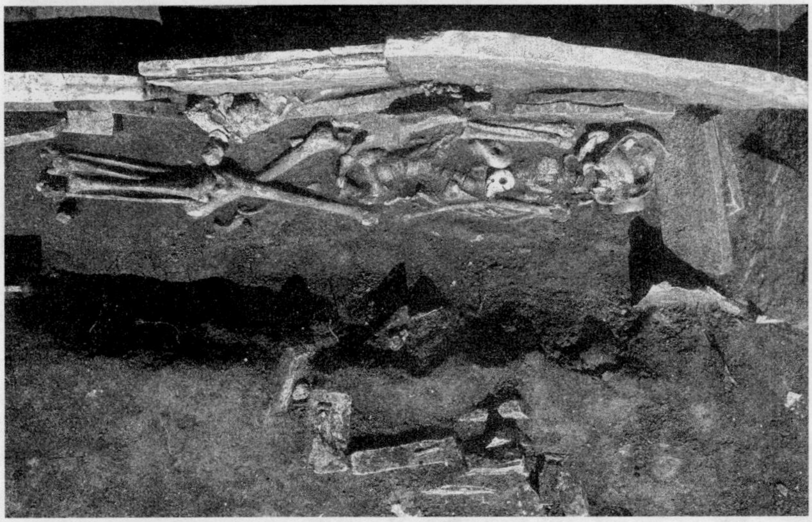

海内孤本

牛河梁红山文化坛、庙、冢的发现将中国文明起源的探索从距今4000年前的夏代一下子提前了一千多年；文明起源从中原地区扩大到燕山以北的辽西地区；文明起源的标准也不再局限于文字、城市和金属的所谓“三要素说”。并由此引起了一系列连锁反应，从考古学上提出中国文明起源这一课题已经成熟。

对于牛河梁遗址来说，玉器的确认仅仅是工作的开始，更大更重要的发现陆续在牛河梁遗址出现。那就是祭坛、女神庙和积石冢。简称为“坛、庙、冢”。

先说祭坛。红山文化的祭坛最初指的是东山嘴。东山嘴遗址的圆坛比较小，但保存比较完整，而且位置在南部中央。牛河梁则是冢间有坛。在第二地点和第五地点都有发现。其中第二地点的祭坛，编号为第三号单元，位在岗的顶部，与有中心大墓的第二号单元紧邻。这座坛处处都显示它的与众不同。坛的构成，不是积石冢大量使用的白色石灰岩，而是用一种红色的安山岩石砌筑，而且砌法也不是如积石冢石界墙那样的平砌法，而是并列的立石，有如石栅，又如环状列石，立石三圈，且层层高起，由外向内，使用的石块层层变小一个规格。我们做了局部解剖，没有发现任何墓葬的迹象，遂确定为坛。这座圆坛外圈直径20米，比东山嘴的要大得多，是一座更加名副其实的祭坛。

1992年初，郑孝燮、于倬云、朱希元三位古建筑专家来牛河梁考

郑孝燮（左）、于倬云（中）、朱希元（右）三位古建筑专家在牛河梁遗址考察。

他们议论说：此前所知中国古建筑起三层台的最早实例是燕下都，现在看来要提前两千年了。

察，在这座坛前久久伫立凝视，对坛的由外向内起三层台的做法，颇多感触。他们议论说：此前所知中国古建筑起三层台的最早实例是燕下都，现在看来要提前两千多年了。不久，于倬云先生在一篇论述北京故宫建筑制度的文章中，称牛河梁这座圆坛的做法，为中国古建筑起三层台的“鼻祖”。

再说冢。冢就是墓葬。

红山文化从1935年发现以来，已有半个多世纪的历史了，但墓葬一直未有明确发现。红山文化墓葬是什么样子，也像其他史前文化那样的土坑墓，还是另有新制，在辽西地区工作的考古家们苦苦追寻而不得。

牛河梁第二地点积石冢由东向西鸟瞰。

分布在诸山岗岗顶的红山文化积石冢群，或一岗一冢，或一岗双冢，或一岗多冢，冢内有成行排列的墓葬。

积石冢单元分化明确，每个岗冢是大单元，岗冢上的每个积石冢是大单元下的小单元。积石冢设有中心大墓，中心大墓在每个岗冢中只在一个冢中出现，与同一岗冢的其他冢的主次关系一目了然。

一座座积石冢，位于岗峰之巅，又层层迭起，已是后世“山陵”的景观，或有称之为“陵区”、贵族墓地或认为其近似于王墓的。

牛河梁的发现证明，红山文化墓葬原来是积石冢。积石冢过去在辽东半岛的新石器时代晚期和青铜时代发现过，所以，对于长期在辽宁工作的我们来说，并不感到陌生。但牛河梁的积石冢，有石块砌筑的冢界，形状有方有圆，有双冢相叠相套，尤其是有封顶堆石和堆土压在墓上，结构和地层都较为特殊和复杂。

牛河梁第二地点祭坛与积石冢群

我们这次面临的问题，是与石头打交道，这还是第一回。尤其是在刚发掘不久，就发现石头与石头之间可能有叠压和打破关系，而且当时已意识到发掘后还有个如何复原保护的问题，于是从哪里下手，就成了很费脑筋的事，所以牛河梁遗址的发掘进度一直较为缓慢。

在牛河梁工作过的各位都有这样的体会，与在石头上下的苦功夫相比，在积石冢中发现玉器的喜悦，只不过是一瞬间的事而已。也许有时我们过于谨慎，以至发生过把一个积石冢打开后遇到难题就长期停工的情况，弄得苏秉琦先生也忍不住批评我了，说我们这是将病人推上手术台，剖开肚子，医生却干别的去了。

好在经过10多年的摸索，收获不小。不仅搞清了积石冢的选址、营造过程、形状变化、结构、组合关系、冢内墓葬的排列、等级差别以至积石冢的发掘程序等等，还最终确定了牛河梁的积石冢可以分早、晚两大期，同一个冢有时也有早晚之别。这对于认识牛河梁整个遗址群的形成过程和各山头上的积石冢彼此的关系，无疑是一次不小的突破。

不过，牛河梁坛、庙、冢组合中的主角是女神庙。

早在东山嘴发现后，我们就曾幻想，如果能有一处完整的祭祀遗址发现就好了。因为东山嘴发现的盘腿正坐的陶塑像，就可能是被崇拜的偶像，而遗址也不时有草拌泥质的红烧土块发现，暗示出有"神居之所"。但牛河梁的发现仍然出人意料。因为它虽然规模不大，内容却太丰富多彩了。

女神庙作为先祖偶像神居之所，总面积不到100平方米。空间如此狭小，曾使人对它的功能表示怀疑。

其实这正显示出原始宗庙的封闭性与神秘性，当时有资格进入进行祭祖礼仪、与先祖直接沟通的，只能是极少数特权人物。这应是一人独尊和神权垄断的又一典型例证。

经试掘，庙的平面出来了：南北长25米，东西最宽处9米，最窄处仅2米。这是一个由主室、左右侧室、北室、南三室联为一体的多室布局，主体建筑的南部还有一个附属的单室。这比以前所知史前时期的房屋，包括双间或多间式房址要复杂得多。庙为半地穴式，从炭化的木柱、被烧流的陶器分析，这座庙是被一场大火烧毁的。庙的上部已全部倒塌，现保存的是庙的地下部分。

通往牛河梁女神庙的路

牛河梁女神庙遗址测量。中立者为作者。

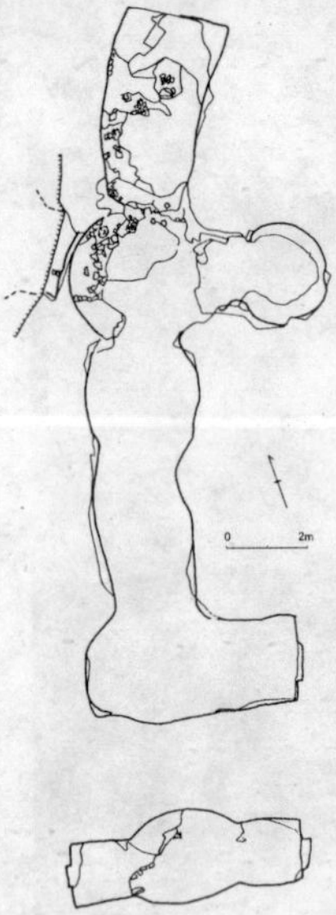

女神庙平面线图及照片

我们仅动了一下庙的表面，出土物就令人眼花缭乱：仿木的建筑构件、横置的仿方木、立置的仿圆木，还有壁画和陶祭器。陶祭器果然不同于常见的生活用陶器。其中有一种器盖，如倒置的陶豆，制作得十分精致，盖面镂刻长孔5组，是一件薰炉的器盖；还有一件彩陶大器，腹有多组镂孔，壁厚达2厘米，推测腹径在1米以上，堪称“彩陶王”。它们的出现，不禁让人可以感受一下当年庙里烟雾缭绕的神秘而庄严的气氛。当然，最后被确认为庙，还是由于人和动物塑像的发现。

先是在庙的西侧室，发现了相当于真人2倍的塑件，拼凑起来，是一尊盘腿正坐的神像；接着又在庙的主室中央，发现了一件残耳和和一个残鼻，它们的大小竟然相当于真人的3倍；而相当于真人原大的

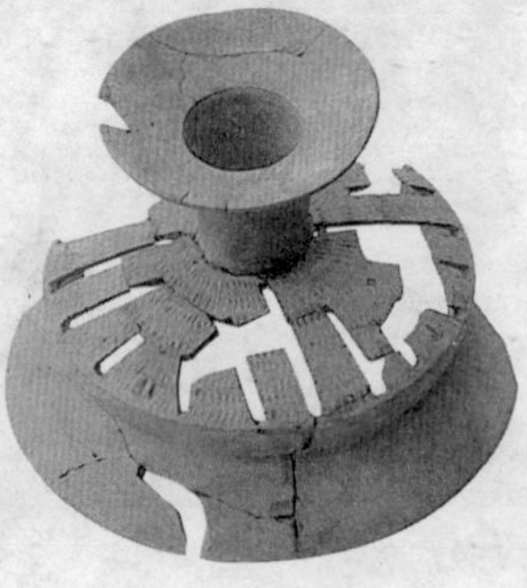

陶熏炉盖

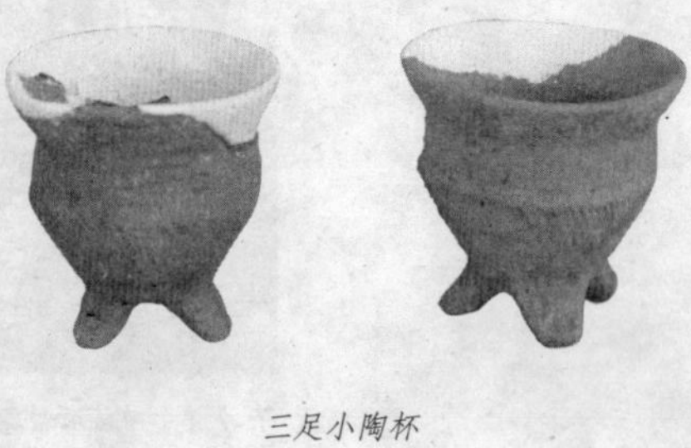

三足小陶杯

作者（右二）陪同俞伟超（左一）、张忠培（右一）、严文明（右三）三位先生在牛河梁女神庙考察。

塑件，则散布于主室和南单室的各处。据此我们推测，这座庙里供奉的神像，不是一尊，也不是几尊，而是一个组合，且有主有次，是围绕主神的群神崇拜。

女神庙的发掘最值得回忆的，是女神头像的发现。因为当时我们的想法是，这座庙里各种类别的堆积都十分丰富，是有可能进行科学复原的，而复原的关键部分，在于塑像。而塑像的复原，一在位置，一在姿态，一在表情。位置和姿态都可有参照，表情则完全是个性化的，每一个可能都不一样。然而已出土的所有人像都是甚为残碎的耳和鼻甚至是单个的眼球，还可能有能看出面容的人像留给我们吗？大家在盼望着。

那是1983年的11月2日上午。初冬的辽西山区分外安静，女神庙遗址工地上只听到小铲刮土清晰而有质感的声音。突然一阵骚动，原来露出一个圆圆的塑件。可能是人头！在场的人几乎都意识到这一点，大家的心情都有些迫不及待了，操作却要更加小心翼翼。终于，一个

在女神庙的西侧室，发现了相当于真人2倍的泥塑件，拼凑起来，是一尊盘腿正坐的神像。

在女神庙的主室中央发现的泥塑大耳为真人的3倍。

完整的人头塑像露出来了。她仰面朝天，双目圆睁，似乎早已在等待着与5000年后的子孙们见面。于是大家一齐围了上去。摄影师李振石及时抓拍了这一场面。照片以“五千年后的历史性会见”为题，参加了当年省旅游摄影展，并以“题材具有历史的厚重感”而获得一等奖。

这尊女神头像出土的位置在女神庙主室的西侧。头像现存高度22.5厘米，正好相当于真人原大。为高浮雕式，从贴在墙上的背部断面看，是以竖立的木柱做支架进行塑造的，这同中国传统泥塑技法完全相同。面部呈鲜红色，唇部涂朱，为方圆形扁脸，颧骨突起，眼斜

五千年后的历史性会见

1983年11月2日上午，在女神庙主室的西侧，一个完整的人头塑像出土了。她仰面朝天，似乎早已等待着与5000年后的子孙们见面。

立，鼻梁低而短，圆鼻头，上唇长而薄，这些都具有蒙古人种特征。头像额部隆起，额面陡直，耳较小而纤细，面部表面圆润，面颊丰满，下颏尖圆，又深富女性特征。

这尊头像最令人回味的，是艺术表现技法。既极度写实，各部位比例适当，又有相当丰富而微妙的表情流露。上唇外呲富于动感，嘴角圆而上翘，唇缘肌肉掀动欲语，面颊则随嘴部的掀动而起伏变化，具有很强的节奏感和神秘感。尤其是眼球的处理上，在眼眶内深深嵌入圆形玉片为睛，使得女神头像在刚出露的那一瞬间，那炯炯发光的眼睛，便一下子迸发出夺目的光彩，真是神来之笔。

整个头像的塑造，在写实的基础上适当夸张，生动传神。我们曾邀请鲁迅美术学院雕塑系的一位老师到现场为女神头像做个模型，他按常例做了准备。当他看到标本时，一时有些为难。因为这尊女神像表情很有动感，却已凝固于一瞬间，这比为活生生的人塑像更难，差一点都不会象像。所以花了比预计要长得多的时间才完成任务。

发现是极其重要的，但更重要是思考消化。怎么估计这次发现的意义呢?

从东山嘴到牛河梁，我们面对的是一群又一群与宗教祭祀有关的考古材料。祭祀是中国古代的大事，所谓“国之大事，惟祀与戎”，但过去考古发现甚少，史前祭祀遗迹的发现就更少。

当时只知道甘肃省何家庄齐家文化墓地曾发现过一个石圆圈状遗迹，被公认为史前祭祀址，但材料比较单薄，这方面的研究文章也很难找得到。至于女神雕像，从旧石器时代晚期起，就在欧亚大陆各地广泛出现了。被称作大地母神的女神像，象征着生育，也象征大地和收获，作为一个群体和民族生命力、延续力的体现，受到原始先民们的广泛崇拜，被称为“维纳斯女神”。

中国古代宗教祭祀的主要方式是祖先崇拜，但从未发现过偶像，

女神头像眼眶内以深嵌的"图钉式"玉片为睛。

于是一般认为，中国古代的人物塑像并不发达，是以牌位作为崇拜对象的。至于宗庙遗迹，安阳和周原都发现了有关的建筑基址，但都无法最后确定其功能。所以，我们当时面对的，是一批完全陌生又找不到多少参考材料的石头和"泥巴"。不过，找不到对比材料也有好处，我们可以展开想像的翅膀，不受拘束地去思考。

记得女神头像发现的当天，在住地马家沟村老乡家中就看到一个很受启发的材料。

那是一张糊在屋顶上的旧报纸。辽西农村家里都有将报纸糊在墙壁上的习惯。每年一次，所以使用的大都是隔年或当年的报纸。我们把女神头像"请"回屋那天，我抬头看到天棚上有一张《辽宁日报》，时间是1983年7月5日，上面刊登了新华社北京7月4日的一个消息，内容是介绍一首歌在纽约华人中演唱时引起很大反响的事，歌名叫《我们拥有个名字叫中国》，作者叶佳修，由潘安邦演唱。这首歌后来又由香港歌手张明敏在内地演唱，很快在大陆流传开来，不过当时至少对我来说还是很陌生的。报导引用了歌词中的一段，用在我们发现

女神头像表情很有动感，却已凝固于一瞬间，这使得雕塑专家花了比预计要长得多的时间才完成了为它做个模型的任务。

的泥塑女神头像，非常贴切。

歌词是这样写的：

> 一把黄土，塑成千万个你我，静脉是长城，动脉是黄河，五千年文化是生生不息的脉搏；提醒你，提醒我，我们拥有个名字叫中国。

嘿！它就像是专为我们的女神像做的一个注解。原来，我们的发现绝不仅仅是一件黄土塑成的艺术品，她与中华民族、中华文化的起源是息息相关的。

看来，要给牛河梁遗址和女神庙以及这尊女神像一个准确的定位，还不是一件容易的事。消息再一次传到北京。严文明先生说这“可能是最古的庙”。苏秉琦先生则一再强调，坛、庙、冢是配套的，这有点近似于北京明清时期的天坛、太庙与明十三陵。是“海内孤本”。已在思考“文明是由‘野蛮’的新石器时代的人创造出来”的夏鼐先生，先看到女神头像照片，1985年3月在北大举行的中国考古学会第五次年会期间又得知女神庙和积石冢的碳十四测定数据都在距今5000年前，于是当场建议，中国考古学会下一次（第六次）年会在沈阳召开，他要出关。

在女神的怀抱里

在尽情地享受了丰收的喜悦之后，我们面临的是繁重的保护任务。

考古发掘后遗址回填，这是天经地义的做法，现在提出要就地保护，这确实是一个新课题。我们的保护意识是从东山嘴遗址开始的。1983年东山嘴遗址现场会决定了露天保护的原则，在国家文物局黄景略等先生的支持下，将遗址所在的耕地征了过来，在遗址周围植了侧柏树。为了保证树木的成活，用3年的时间拉水上山。现在东山嘴遗址已被黑油油的一片林带围了起来，当地老乡称赞我们为当地办了一件好事，也增强了当地群众保护遗址和环境的积极性。东山嘴的实验，证明这是一条保护大遗址的有效路子。

对于牛河梁遗址这样一个高等级的祭祀遗址群，苏秉琦先生认为它已远非一个氏族或部落所能拥有，而只能是一个文化共同体对共同先祖进行崇拜的圣地。

牛河梁遗址

牛河梁遗址是红山文化最高层次中心聚落。

遗址群分布范围虽十分广阔，地势又多有变化，却能顺山势定方向，按高低上下进行规划、布置，既使诸多建筑按南北轴线严格布局，主次分明，彼此照应，又将大范围的人文景观与自然景观巧妙结合起来，将人文景观融于大自然之中。

但牛河梁要比东山嘴大得多。牛河梁遗址不是一个点，也不是几个点，而是分布于50平方公里范围内的规模宏大的遗址群。在这样大的范围内，除了村落和耕地，没有其他建筑，山上50年代植的松树已成林带，而且诸遗址点选址都在山岗的高处，居民点都在河旁低处，所以，原始环境风貌得以保持。1995年前来工地参加遗址总体规划论证的建筑历史专家傅熹年先生称牛河梁遗址的环境是“干干净净”。

这样一个大的遗址群，要保护是没有问题的，尽快批准为省级保护单位和国家级重点文物保护单位也是没有问题的。问题在于保护的力度。按通常标准，把已明确的女神庙及周围第二、三、四、五号积石冢作为重点保护对象，先行保护下来，其余划作建筑控制地带就可以了。为此，我们根据东山嘴遗址的保护经验，对重点遗址采取了征地保护的办法。但在划建设控制地带时却出现了难题。牛河梁如此重要，遗址之间又可能互有联系，根据不足的一划，就会把遗址群割裂开来。似乎还不能“照此办理”。

当时围绕牛河梁遗址的发现，一场关于中国文明起源的讨论已经展开，对红山文化的新发现是不是已进入文明时代，出现争论。过去因学术争论影响保护决策的许多教训使我警觉，牛河梁遗址的保护不能等，不然就会重蹈覆辙，也不能降低保护力度。但如何体现牛河梁的保护力度呢?

又是苏秉琦先生送来了及时雨。那一段时间，我隔三差五就向苏秉琦先生汇报工作进度和新的发现，苏秉琦先生也常有回信。

在1983年12月26日的一封信中，他要我们从将诸多遗址联系起来，从三县交界的更大范围考虑问题，提出：“‘祭坛’（东山嘴）（当时牛河梁的祭坛还没有确定——笔者注）、商周青铜器窖藏坑（6处）、牛河梁积石冢、‘神庙’要联系一起（‘联系’二字下有着重号——笔者注），同时，每一现象都不应以它自身当做它的范围（‘自身’二字

从女神庙遥望猪（熊）山

下有着重号——笔者注），应把它们之间现在看来还没有发现什么线索的‘白地’都视做重要范围（‘它们之间’与‘白地’下都有着重号——笔者注）。而且，在此范围之外附近有无较重要遗址墓地？要把问题提到上下几千年，这个地区的社会、民族文化史角度，不能就事论事，挖出什么讨论什么，必须先有个大问题放在心里（‘大问题’下有着重号——笔者注）。”

读了苏先生的信，我当时的第一感觉是，他提出了大遗址保护的一个引人注意的新观点，那就是“白地也是保护范围”。这就是说，不仅要把各遗址点本身作为保护对象，而且各遗址点之间的空地，也要先视为未发现地，作为保护范围。仅仅将其作为建设控制地带，是忽视了牛河梁作为一个整体的价值。

1986年6月30日，辽宁省人民政府第169次省长办公会议特意安排了辽宁省三大考古发现（除牛河梁外，还有金牛山旧石器时代早期洞穴遗址和姜女石秦宫遗址）的议程，会议顺利地通过了将牛河梁50平方公里的范围作为一个整体进行保护，全部公布为保护范围。这在全国的诸多遗址中，也是划得比较大的保护范围吧。

牛河梁遗址群又正好坐落在红山文化分布区内四通八达的中心部位，它四周的赤峰、敖汉、阜新、承德等地区已发现的积石冢，从所处地势、冢的结构以及随葬器物的种类、造型，都与牛河梁遗址表现出高度的一致性，反映出最高层次聚落对周围地区所具有的控制力和凝聚力。

从以后的几年得知，牛河梁遗址不仅规模大，而且各遗址的分布不是随意而为的，而是有较为严格的选址意识和分布格局。各遗址之间，可以互望。女神庙位于主梁梁顶，是所有遗址中最高的一处，四周有积石冢环绕，向南远眺，收入眼内的是形如猪（或熊）首的木栏山——当时女神庙的选址，肯定是考虑了这座神山的存在。真是“猪（熊）山无意，女神有情”。

最后要说说我们的牛河梁考古工作站。这是我觉得最得意的一件事。虽然盖房子打井我完全是外行，但在牛河梁建工作站，我应该有点发言权，因为这里是我们的一个“家”。

的确，在建牛河梁考古工作站这件事上，我和我的同事们是动了很多脑筋，下了很多功夫的。经费不能不是问题，但更主要的，是个观念和指导思想问题。考古人的“家”应该是什么样子？在这里，有条件实现我们的理想。

说起考古工作站，是20世纪50年代适应工作需要由中国科学院考古所首先在西安和洛阳建立的，继而建站的有地下文物丰富的河南

立此存照——工作站征地。

王孖在女神庙遗址。

省。辽宁考古的工作量不能与中原各省相比，要不要也建工作站，这是首先摆出来的问题。

牛河梁遗址从1983年秋季开始正式发掘，到1984年夏，已发掘到一批珍贵玉器，女神庙也已确定，还调查到一批遗址点。这里的工作肯定不是一年两年，也不是几年能干完的，正如我们的技术顾问王孖先生在英国访问时回答朋友们关于牛河梁遗址是不是已经挖完了的问题时所说：牛河梁遗址就像一张大馅饼，现在刚刚咬了一口。确实，女神庙还没正式发掘，十三地点巨型土石建筑址的性质还没搞清；近20处积石冢，也仅仅挖了4处；整个遗址群范围内外，还没有进行详细的普查；已发现的古道线索暗示各遗址间有路相联系；还有诸如用了那么多石头做建筑材料，采石场在哪里，那么多玉器和陶器，玉作坊和陶作坊在哪里等问题还没有解决。更多的发掘研究任务和更重要的发现还在等待着大家。而且发掘后还有保护、开放问题，这是几代人的事，建工作站已是必然。

在1983年的朝阳会上，苏秉琦先生就已建议过，朝阳地区在历史上地位重要，考古成果正越积累越多，现在工作需要、条件也较成熟，应在朝阳找一个点做基地。牛河梁遗址发掘开始初有成果后，他又建议我们要有长期打算，建立一个发掘、科研、教学三结合的考古基地。看来工作站不仅要建，而且规模还不能小，规格也不能低。

接着是选址。在哪里建？

参考各地所建工作站，有建在遗址所属城市内的，也有的建在遗址附近村内的。牛河梁遗址范围很大，但都是山区。选点首先是距离各个遗址点的距离，方便于发掘和对各遗址点的照顾。最后确定的选址原则是：自立单元，不在村内，但与村子距离不远。既有独立性，不会相互干扰，又可相互照顾。当然，离水源近，离交通干线近，也都在考虑之列。最后选定了现在的地点。工作站占地2公顷，建筑是具辽西和承德地区特点的院落式砖瓦房。

1985年秋，当我们从老乡家搬进工作站后，除了感觉工作站环境幽静、空气清新，夏季凉爽，适于思考讨论问题和研究写作甚至激发灵感以外，一个突出的感受是，这里虽地处辽西山区深处，却并不寂寞。遗址群间有京沈公路和锦承铁路通过。车鸣声渐行渐近，渐行渐远，在山谷间回响散开，并不嘈杂，却会把人的思维带向远方，给人以静中有动、僻远但不闭塞的感觉；还有黄土与绿树的景观对比，古代繁荣与现代贫瘠的历史反差，处处都体现了矛盾的对立统一。这是一块充满生命的土地，是大自然的恩赐，也是祖先的创造。

也许是“身在福中不知福”吧，前来参观的客人们还有比我们更深的体会。一天，孙守道先生上山陪中央美术学院的靳之林先生参观后对我和朱达（工作站站长）说，靳先生对我们工作站的选址大加赞赏，说我们的工作站是建在女神的怀抱里。这是个很有诗意的体会。我也赶紧上山再去观察一下，果然同以往的感受不同。工作站背靠的山梁松林密布，满眼皆绿，山梁尽处就是女神庙所在，工作站正环绕于

动中有静。工作站环境幽静，空气清新。虽地处辽西山区深处，却并不寂寞。遗址群间有京沈公路和锦承铁路通过。车鸣声渐行渐近，渐行渐远，在山谷间回响散开，并不嘈杂，却会把人的思维带向远方，给人静中有动、僻远但不闭塞的感觉。

周围葱绿的山岗之间。说我们的工作站在女神的怀抱里，不仅富于想像，还十分贴切。以后，我每每把这“捡”来的感受讲给前来遗址考察的客人们听，大家似乎也受到感染，总愿意在这说是高雅其实简陋的站里住上一晚，夜半仰望星空闪烁，晨曦聆听鸟鸣犬叫，临别时写下赞美祖先业绩的话语。我们在小小山村间设计的这个“杰作”，竟给海内外的朋友们留下不尽的回味。

苏秉琦先生说：“她是红山人的女祖，也就是中华民族的共祖。”

1986年9月，我们在初具规模的工作站接待了参加中国考古学会第六次年会的近百名师友。虽然在座谈中对牛河梁遗址与中国文明起源的关系看法不一，但看到满屋里到满院子堆放的泥质红陶和彩陶片，大家对牛河梁遗址的年代都深信不疑。次年的9月12日，苏秉琦先生终于来到牛河梁。他在工地住了3天。临行题辞：红山文化坛庙冢，中华文明一象征。他曾仔细观摩过女神头像标本，印象颇深，所以几年后他说过，女神像是仿照真人塑造的，她“是红山人的

工作站在女神的怀抱里。

女祖，也就是中华民族的共祖”。

可惜的是，张光直先生最终没能来到牛河梁考察。也是在1987年，正在吉林大学讲学的张先生已做好来牛河梁的准备，不料行前偶染风寒，只得直接回北京。为此，他给我写了一封信，表达了他希望以后再来的愿望。从他1986年版的《中国古代考古学》大量引用刚刚发表的东山嘴、胡头沟的考古新材料和1993年他在为此书中文版出版所写的序中称牛河梁的发现是“中国新石器时代最重要的宗教性的一个遗址”来看，他是很重视这一发现并很想到辽宁和牛河梁考察的。我还有一个猜想，张光直先生将西方文明与以中国为代表的东方文明的不同，概括为“破裂性文明”和“连续性文明”，认为西方文明侧重于发展技术、改造自然，东方文明则以通神取得政治权力，与自然和谐沟通为特征，并以为后者在世界历史的发展中更具普遍性。这一观点正在得到越来越多的考古发现、特别是史前时期考古发现的支持，牛河梁发现的红山文化祭坛、女神庙、积石冢群和以动物题材为主的玉礼器，就是其中一个典型例证。如果张先生那年能亲临工地，不仅会对我们的工作有很大帮助，而且亲身感受一下这个遗址人文景观与自然景观巧妙结合所透露出的那种神秘而又神圣的气氛，可能会使他对中国文明起源的道路和特点有更多新的论述。

看来，丰收和欢乐总伴随着遗憾，牛河梁这块“圣地”也不能例外。

探索古辽西，是艰苦的，也是诱人的。由于多部门的参与和协作，这几年辽西考古的步伐在明显加速。我现在虽然参加实践的机会少了，但新材料新问题仍催我深思。从辽西看东北和东北亚，辽西背后有着极为广阔的腹地；从辽西看全国，辽西与环太湖流域形成一北一南的两大玉文化中心，又是东北与中原文化交汇的前沿。东北、中原和东南沿海，这是距今四五千年前后在中华大地上鼎立的三个大区，它们分别以筒形罐、尖底瓶和彩陶、鼎为各自的主要考古文化特征，个性突出，却并未分道扬镳，而是在频繁交汇中向一起聚集，实现了“文化认同”，即“共识的中国”，从而为中华文化、中华文明和中华国家奠定了第一块基石。我自以为，这个想法可能更接近于探索古辽西的初衷。

牛河梁遗址秋景

图书在版编目（CIP）数据

考古人和他们的故事．1/郭大顺著．－北京：学苑出版社，2005.8

ISBN 7-5077-2591-X

Ⅰ.考...　Ⅱ.郭...　Ⅲ.考古发现－辽西－普及读物　Ⅳ.K872.3-49

中国版本图书馆 CIP 数据核字（2005）第 089953 号

责任编辑：潘占伟　洪文雄
装帧设计：徐道会
出版发行：学苑出版社
社　　址：北京市丰台区南方庄 2 号院 1 号楼　100079
网　　址：www.book001.com
电子信箱：xueyuan@public.bta.net.cn
销售电话：010-67674055　67675512　67678944
印 刷 厂：河北三河市红旗印刷厂
开本尺寸：787 × 960　1/16
印　　张：8
印　　数：1-4000 册
版　　次：2006 年 3 月北京第 1 版
印　　次：2006 年 3 月北京第 1 次印刷
定　　价：16.00 元